中国珍藏镜鉴书系

水晶收藏品鉴

文 客 编著

北京出版集团公司
北京美术摄影出版社

图书在版编目（CIP）数据

水晶收藏品鉴 / 文客编著. — 北京 : 北京美术摄影出版社，2018.7
（中国珍藏镜鉴书系）
ISBN 978-7-5592-0050-1

Ⅰ. ①水… Ⅱ. ①文… Ⅲ. ①水晶—收藏—中国②水晶—鉴赏—中国 Ⅳ. ①G262.4 ②TS933.21

中国版本图书馆 CIP 数据核字(2017)第281191号

中国珍藏镜鉴书系

水晶收藏品鉴

SHUIJING SHOUCANG PINJIAN

文 客 编著

*

北京出版集团公司
北京美术摄影出版社 出版

（北京北三环中路 6 号）

邮政编码：100120

网 址：www.bph.com.cn

北京出版集团公司总发行

新 华 书 店 经 销

山东海蓝印刷有限公司印刷

*

710 毫米 ×1000 毫米 16 开本 12 印张 200 千字

2018 年 7 月第 1 版 2018 年 7 月第 1 次印刷

ISBN 978-7-5592-0050-1

定价：68.00 元

如有印装质量问题，由本社负责调换

质量监督电话：010-58572393

责任编辑电话：010-58572245

Foreword 前言

水晶是宝石的一种，一直以来以其坚硬、纯净、透明的品质而深受人们的喜爱。在古代，水晶又称为“水玉”，被誉为世界上最纯净的东西，因而古往今来，水晶工艺品一直深受人们喜爱，认为水晶有灵性，能给人带来好运，因此都喜欢佩戴各种水晶饰品或是在家中摆放各种水晶摆件。

由于水晶的购买成本相对较低，鉴别也比较简单，收藏更容易入手，因此受到众多收藏爱好者青睐。近年来，水晶的价格一直攀升，并开始出现资源短缺的现象。另外，加工成本的增加也推动了水晶价格的大幅上扬。随着资源越来越短缺，除了水晶制品价格出现暴涨之外，水晶原石价格也涨势惊人。

从收藏的角度来讲，名家雕刻的水晶作品和古董水晶收藏价值高，但这两类水晶的价格很高，且收藏难度也较大，所以对普通收藏爱好者而言，最好收藏一些具有特色的水晶制品或水晶原石，如大型雕件和有特色的水晶球等。虽然近年来水晶价格出现

了暴涨，但总的来看，目前还是投资收藏的好时机，一是因为人们对水晶价值还没有完全认识到，关注度也不是特别高；二是因为水晶基本上没有被市场炒作过，价格与国外相比还处在低位，有较大的增值潜力。然而，正是由于近年来水晶涨势明显，一些不法商家为了获取高额利润，往往以人工合成水晶、玻璃冒充天然水晶来欺骗消费者，所以收藏水晶时还要学会辨别水晶的真伪。

本书详细介绍了水晶的特性与分类，并从专业人士的角度详细介绍了水晶收藏、鉴赏与保养的要点，并选取了大量精美的图片，以图文并茂的形式让读者能够更加直观地领略水晶的独特魅力。全书内容简明，脉络清晰，是一本较好的水晶收藏入门指导书。

Contents 目录

宝石之星——水晶的基本常识 / 001

水晶的定义 / 001

水晶的形成 / 004

水晶的特性 / 008

水晶的产地 / 013

水晶的种类 / 021

水晶的加工 / 042

水晶的传奇故事 / 046

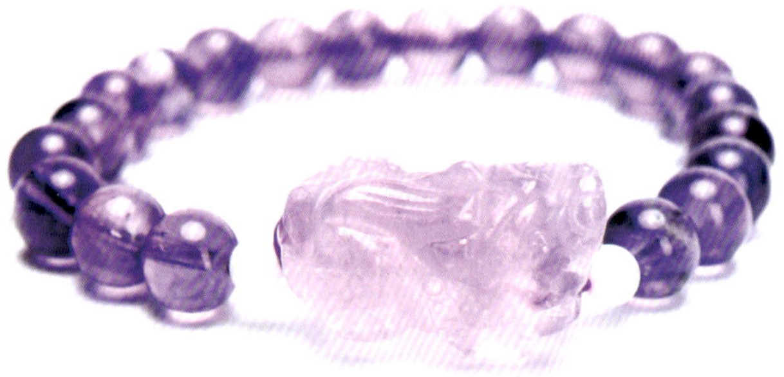

水晶之恋——水晶饰品的选购与收藏 / 050

水晶的优劣评价 / 050

水晶的鉴定方法 / 056

水晶的常见瑕疵 / 062

水晶的优化处理与仿冒 / 065

仿制水晶的鉴定 / 071

合成水晶的鉴定 / 075

水晶饰品的保养 / 080

水晶饰品佩戴的注意事项 / 088

常见水晶饰品的选购 / 093

异彩纷呈——精品水晶雕件欣赏 / 112

吊坠 / 112

手把件 / 127

摆件 / 141

手串与手镯 / 158

水晶洞与水晶球 / 171

晶簇与晶柱 / 181

宝石之星——水晶的基本常识

水晶的定义

古往今来，水晶一直因其坚硬、纯净、透明的品质，受到世界各国人民的喜爱，被视为纯洁善良、冰清玉洁、坚强不屈的象征。传说古罗马人在阿尔卑斯山最早得到水晶的时候，非常惊奇，认为它是由冰变来的。中国古人也认为水晶是“千年老冰”，因此把水晶叫作“水精”“水玉”“玉晶”“菩萨石”“千年冰”等。

黄水晶手链

黄水晶吊坠

水晶珊瑚石耳坠

水晶珊瑚发卡

水晶的矿物成分是石英，化学成分是二氧化硅，摩氏硬度为 7，密度为 2.66 克 / 立方厘米，具有特殊的压电性和光学性。它是石英族矿物里面透明的结晶体，如果是结晶体但不透明的，只能称为石英晶体。水晶晶面有玻璃光泽，贝壳状断口面显现油脂光泽。

国家标准近年来对水晶的定义进行了明确的规范，水晶指的就是天然水晶，是天然宝石的一种，前面无须加“天然”二字；合成水晶要加“合成”二字，不可以省略；拼合水晶是处理水晶，前面要加“拼合”二字；如果是天然水晶经过染色、辐照等方法处理过，必须加“处理”二字，例如“水晶（处理）”。

水晶晶体属三方晶系，通常情况下是六棱柱状，柱体是一头尖或两头尖，

多条长柱体连接在一起，通称晶簇，美丽又壮观。因为二氧化硅结晶不完整，所以形状千姿百态。在水晶的柱面上，经常分布平行的横纹。

无色透明的水晶最常见，如果水晶中含有杂质，就会呈现各种各样的颜色，有茶色、紫色、黑色、烟灰色和淡黄色。水晶内部有针状或者纤维状矿物包裹体的特殊品种叫“发晶”。

福禄黄发晶把件

龙盘球白水晶摆件

金丝发晶手链

睡火莲水晶吊坠

爱的守护紫晶吊坠

水晶的形成

水晶形成条件较苛刻，第一要有充裕的生长空间；第一有提供物质的热液，即富含二氧化硅的热液；第三有较高的温度和压力；第四需要生长时间。具备这 4 个条件才可生成水晶。

水晶大多都生长在地底下或者岩洞中，需要有丰富的地下水来源，地下水又多含有饱和的二氧化硅，同时压力需是大气压力的 2~3 倍左右，温度则需在 550~600℃间，再给予适当时间，水晶就会依着六方晶系的自然法则，而结晶成六方柱状的水晶了。

正常的水晶在生长时，多可以发现和柱形尖端轴线平行的生长纹。由于在地底、岩洞中的生长空间多狭窄，在遇到地震或地壳变动时，甚至遭到其他矿石的挤压时，常常会压迫产生不同的晶面。还有，当水晶还是在液态状的时候，常常也会包覆着其他的矿石、泥灰一起结晶成长，如金红石（稍后变成发晶）、火山泥灰（稍后变成幻影水晶）等。所有的这些，都是自然的一部分，不能视为瑕疵。

现代地质学研究证明，水晶生成于几十亿年前的元古宙至几千万年前的新生代的伟晶岩脉或晶洞中。

水晶是从含有氧和硅的溶液中结晶出来的。这些溶液可以是高温的，也可以是低温的。它们纯净透明，晶莹闪亮。除了水以外，要形成水晶晶体，

福寿如意绿幽灵水晶吊坠

财富如意三色幽灵水晶吊坠

随形黄晶手链

貔貅紫晶手链

还要有一定的空间，如岩石中的空洞，水晶就长在空洞的洞壁上。

由于地壳运动和火山爆发，地球内部的岩浆从上地幔向地壳侵入，部分岩浆随着环境和温压的变化在近地表冷却结晶成玄武岩、花岗岩等岩浆岩，在流出地面后成为火山岩。流出地面的火山熔岩如果迅速冷却，没有来得及结晶，就形成墨曜岩（一种天然宝石，属于天然玻璃）。火山活动、变质作用都可产生富含二氧化硅的溶液，水晶矿床的形成与这些都有关。

水晶的特性

◆化学成分

水晶的化学成分为二氧化硅，其中含硅 46.7%，氧 53.3%。由于含有不同的混入物而可呈现多种颜色。紫色和绿色是由铁离子致色，紫色也可由钛所致色，其他颜色由色心所致色。另外，可含少量钙、镁、铁、锰、镍等元素。

水晶手链

各色发晶手链

紫晶吊坠

代代吉祥景观水晶俏白水晶摆件

◆晶系及结晶形态

水晶的晶系为三方晶系。容易发育成完好的晶体，常见呈六方柱、菱面体三方双锥等，并见有横纹和双晶。

◆光学性质

（1）颜色：有无色、紫色、黄色、褐色、黑色等，自然界罕见鲜红色、绿色和蓝色的水晶。

（2）透明度：透明至半透明。

（3）光泽：玻璃光泽，贝壳状断口面可具油脂光泽。

（4）光性：一轴晶正光性。水晶具独特的干涉图，其分割干涉色色环的黑十字臂达不到中心，形成一种中空的图案，俗称牛眼干涉图。

（5）折射率和双折射率：折射率 1.544~1.553，双折射率 0.009。

（6）色散：低（0.013）。

流星雨水晶手链

（7）多色性：无到中等。取决于颜色，颜色越深，多色性越明显。

（8）吸收光谱：一般无特征光谱。

（9）特殊的光学效应：有时因含3个方向定向排列的包裹体而显示星光效应，有时因石英中含有大量平行排列的纤维状包裹体而显示猫眼效应。

清代水晶笔洗

孔雀梅花绿幽灵笔筒

◆力学性质

（1）解理和断口：一般无解理，贝壳状断口。

（2）密度：2.66克/立方厘米。

（3）摩氏硬度：7。

◆其他物理性质

水晶具压电性，在高压下，水晶单晶体的两端可产生电荷，因此，无色、纯净、不具双晶的水晶可做压电石英片。

水晶发卡

水晶吊坠

幸运星水晶耳饰

六字真言水晶手链

◆包裹体

经常可以见到呈不规则状排列的气液两相包裹体、金红石包裹体和电气石包裹体等。

水晶的产地

◆ 中国水晶

水晶资源在中国也很丰富，江苏、新疆、海南、山东、四川、云南、广东、广西、辽宁和湖北等省市自治区都有出产。已经探明的水晶矿床分布在全国各地，其中江苏东海出产的水晶质量最好，所以也最著名，东海县也因此被称为“水晶之乡”。新疆、海南、四川也是高品质水晶的产地。

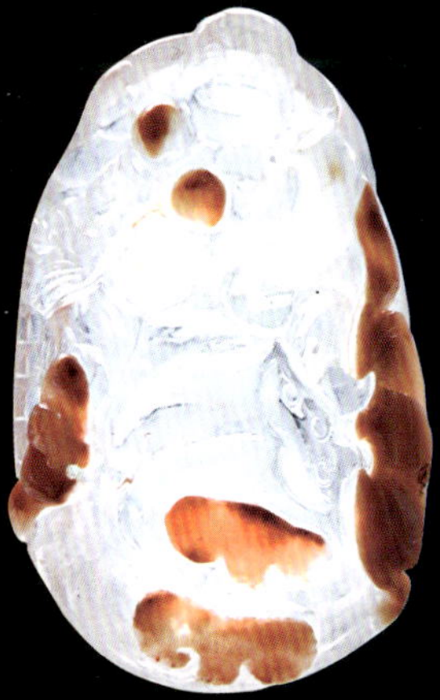

吉祥有福红兔毛水晶吊坠

顺发福禄金顺发晶吊坠

◆东海水晶

东海是世界天然水晶原料集散地，以蕴藏量大、质地纯正而著称于世。天然水晶储量约为30万吨，其质量、储量位居全国之首。以江苏省东海县为中心的数千平方千米范围里，已经探明总储量达到30万吨，这个区域出产的水晶无色透明，也有少量是茶色、烟色和紫色。

大约23亿年前，东海一带还是茫茫沧海。地壳不断运动、变迁，后来又经历多次地质作用，提供了丰富的变质热水溶液。到了2亿~3亿年前，进入到地质年代的燕山期，那时地壳的运动非常强烈而频繁，地壳的不断运动在东海县西侧形成了驰名中外的郯庐断裂带，东侧形成了海泗断裂和断裂周围大量的节理、小断层。海底火山喷发，携带大量含二氧化硅的岩浆喷出地表。由于得天独厚的地理条件，一部分冷却形成大的花岗岩体，另一部分含矿溶液沿着这些通道运移，在成矿环境的适宜地带结晶沉淀下来，从而形成了今天东海的水晶矿。

东海水晶手链

绿幽灵水晶挂件

东海无色水晶摆件

羊角岭水晶

著名的羊角岭水晶矿主要在花岗岩、闪长岩和其他岩带中出产，不仅水晶的质量好，而且水晶的储量大。羊角岭天池海拔 200 多米，位于海南省屯昌县西南 4 千米的羊角岭顶部，它是中国最大、最富集的水晶矿床，也是世界上超大型水晶矿床之一。矿床类型属矽卡岩中英脉型，主矿体长 240 米，宽 90~130 米，延深 150 米。主矿体周围尚有十几个金矿小矽卡岩体和大片砂矿分布。自 1955 年起，国家进行综合勘探后正式建矿生产，是我国最早的天然水晶矿，至 20 世纪 70 年代中期主要矿体开采完毕。羊角岭水晶以质地纯净、透明度高，获得行业内高度认可。

其他地区水晶

中国的茶晶的主要产地是新疆，在花岗伟晶岩中，最大的晶体有数十千克。出产于奇台县的透明茶晶远近闻名。

河南平顶山的水晶矿储量也很丰富，它属于低温热液石英脉型。水晶品种丰富，除无色透明的水晶外，还有茶晶、紫晶和黄晶。

此外，福建省政和县有无色透明水晶和茶晶出产；广东省云浮有无色透明水晶、烟晶出产；广西自治区凌云县有无色透明水晶、茶晶出产；云南省富宁县有无色透明水晶、茶晶、烟晶出产。

绿发晶带黄发晶手串

巴西黄晶貔貅挂件

◆国外水晶

水晶的出产遍及世界上很多国家，其中彩色水晶主要由巴西、马达加斯加、美国、俄罗斯、缅甸等国家出产；紫晶主要由巴西、乌拉圭、赞比亚、韩国、马达加斯加、斯里兰卡等国家出产。巴西出产的颜色比较淡；赞比亚出产的颜色深，但内含杂质较多；马达加斯加出产的水晶带有方解石白色云雾，价格最低；乌拉圭出产的水晶颜色呈深蓝紫，很罕见，所以价格最高。

巴西水晶

巴西的水晶产量最大，且盛产紫水晶。巴西南部在上百万年前是一个火山活动频繁的地区，大量的火山岩浆热液经过数百万年的结晶，最终在玄武岩的气孔中形成了宝贵的紫水晶。由于水晶结晶时包含了大量铁离子，从而使无色水晶变成紫色。现在许多黄水晶都是巴西北部产出的紫水晶加热变色而成的。

巴西紫水晶手链

紫晶洞

巴西南部的水晶产于玄武岩地貌中，紫水晶产于岩洞和裂隙中，有 200 多个矿点，水晶储量、产量和加工量都占到全世界的 90%。由于紫水晶矿比较多，出产的水晶品质良莠不齐，紫水晶颗粒大，外形多是山状，颜色以淡紫色或黑色的占大部分，缺少艳丽感。南部出产的紫水晶品质较好，颜色也较深。目前，巴西是世界上最大的紫水晶出产地。

乌拉圭紫晶吊坠

乌拉圭紫晶戒指

乌拉圭水晶

乌拉圭水晶矿生成于岩浆活动晚期。乌拉圭出产水晶的矿区主要在北部靠近巴西的地方，那里地广人稀，土壤贫瘠，无法种植，所以农业不发达，地表覆土上杂草丛生。在乌拉圭的矿区，通常地层上层为玛瑙，下层为水晶，两层相差不到 2 米。

韩国水晶吊坠

乌拉圭的紫水晶最出名，颜色较深，十分娇艳，有时候带着红色的“火光”。大多颗粒较小，呈块状，适合制作成摄人心魄的紫晶饰品，但产量非常稀少。

韩国水晶

韩国出产的紫水晶也有较深的颜色，主色调稍微偏蓝紫色。这种颜色非常娇艳，受到人们的喜爱，但近些年产量变少了。

赞比亚水晶

赞比亚出产的紫晶也有较深的颜色，有些深成了黑紫色。赞比亚的紫晶体积小、瑕疵多，所以市面上的紫晶手串和念珠多是赞比亚紫晶原石制作的。

水晶的种类

水晶种类繁多，家族庞大。根据水晶的物理性质和所含包裹体特征，可将水晶分为如下几个品种：

◆无色水晶

无色水晶是纯净的二氧化硅晶体，它无色透明，也有稍带浅灰或者浅褐色调的。正常情况下，无色水晶以单个柱状晶体或晶簇产出，晶柱长度从几厘米到几米都有。其中没有明显的裂纹、包裹体等瑕疵者为上品。当水晶内部未填充液体时，是一个空穴，和水晶界限分明；当被气液充满时，就形成了气液包裹体。

笑佛白水晶摆件

双蟾献宝白水晶摆件

无色水晶的固体包裹物通常有针铁矿、金红石、电气石、黄铁矿等，这些矿物包裹体增加了水晶的魅力。有的无色水晶因为本身有大量的微小缝隙，这些缝隙对光的干涉形成美丽的彩晕，就成为彩虹水晶。正常情况下，无色水晶的晶体越干净越好，可是特别干净的水晶几乎不存在，内部或多或少都有一些包裹体，有些水晶内部的包裹体不但不影响透明度，而且还很美观，有意想不到的视觉效果。

无色透明水晶只用于雕琢工艺品，最著名的是水晶圆球。

无色透明水晶中透明度较高的，常用来制作项链。无色透明水晶还有工业用途，是制造眼镜片、水晶振荡器的原料。

佛头无色水晶吊坠

弥勒佛无色水晶吊坠

紫晶吊坠

紫晶手链

◆ 紫晶

紫晶是一种紫色的水晶，颜色从浅紫色到红紫色。多色性从弱到强，与颜色的色调和浓度有关，有时候带有一定程度的褐色、红色和蓝色调，晶体的最尖端的颜色最深。

紫晶的颜色分布通常并不均匀，经常出现色带。色带一般平行分布，有时候在一定的角度相交；也有的会有色块，多是不规则的几何形状，少数是不规则的团块状和絮状。在加热或者阳光暴晒下会褪色。巴西产的紫晶颜色较深，具有很高的品质；非洲等地产的紫晶带有蓝色调；我国河南等地产的紫晶颜色较浅，带有细微的褐色调，但是透明度很高。

紫晶吊坠

深紫色到红紫色的紫晶价值最高，因为人们偏爱深紫色的紫晶。

紫晶具有和颜色深浅有关的多色性，浅色的紫晶多色性很弱，肉眼几乎看不到，深色的紫晶有红紫色至紫色、蓝紫色至紫色这样两种类型的多色性。

紫晶戒指

和无色水晶一样，紫晶中也有多种包裹体，有生长裂隙、矿物包裹体和气液两相包裹体等。有时候还可以见到“斑马纹”，斑马纹是指紫晶中深色和浅色条纹交替的生长裂隙。假如紫晶中有白色云纹或者羽毛纹的包裹体，经常会产生彩虹散射现象。

紫晶相对无色水晶个体较小，多数是向内生长的晶洞（紫晶洞）。向外生长的晶簇就更少了，市面上较多的晶簇是白色水晶簇。

紫晶通常被制作成戒面和雕件。常把优质的紫晶加工成刻面，镶嵌首饰或者收藏。紫晶首饰高贵典雅，紫晶雕件庄重大方。稍次一点的紫晶多磨成素面或者打磨成珠，镶嵌或者打孔，制成项链等串珠。

紫晶项链

乌拉圭紫晶手链

最优质的紫晶是深紫色到紫红色的紫晶，当然价值也最高，多产自乌拉圭及西伯利亚，称为乌拉圭紫晶和西伯利亚紫晶，这里虽然是指产地，现在实际意味着质量而不限于产地了。

紫晶戒指

天鹅紫晶吊坠

怎样区别人造紫水晶?

现在人造紫水晶和黄水晶是用水热法生产的，由于改变人造水晶的颜色很容易，后来又陆续出现了人造的蓝色和绿色的水晶。黄水晶经常用来冒充价格较贵的黄色黄玉，至于蓝色和绿色的水晶，根本没有天然品，琢磨后不必冒充别的宝石，直接标明是水晶也有一定的市场。

黄晶吊坠

黄晶手链

◆黄晶

黄晶是石英的一个变种，和石英一样同属硅氧矿物。黄晶中的黄色是由于其中含有水氧化铁的缘故。黄晶的颜色从黄色到浅褐色，极像黄玉。天然的黄晶比较稀少，有人把紫晶和烟晶加热以使其改变颜色变成黄晶的模样，甚至假冒黄玉。

黄晶有黄色、金黄色、橙黄色、棕黄色、淡黄色，色彩主要是由于晶体内含有铁元素或铬元素。黄晶中体质明莹、光洁无瑕者为上乘，橙黄色更为人们所喜爱。紫水晶和烟晶经加热后将产生带红、黄和橘褐的色调，与黄晶极相似；无色透明水晶经 X 射线辐射，可变成美丽的黄色。

黄晶色泽鲜艳明快，具有诱人的魅力，用它制作的黄晶眼镜耐磨，司机在阴雨天气或夜间佩戴，可提高物体的能见度，提高安全系数。黄晶又常用以制作戒面、耳环、手链、项链等饰品。由于天然黄晶数量极少，因此价格昂贵，其中橙黄色的属稀世珍品。

招财树黄晶摆件

黄晶手链

黄晶贝珠项链

一世同心绿水晶耳饰

绿水晶手链

◆绿水晶

绿水晶是因内含镁铁化合物而呈现绿色，产量稀少，现市面上多为人造绿水晶，天然绿水晶极其罕见。市面上常见的像绿幽灵、绿发晶等品种，里面的包裹体是绿色的，但水晶本身还是无色透明的。目前市场上出现的大量绿色透明的水晶，颜色基本都是处理过的，而且多数本身就是合成水晶。

水滴形粉晶吊坠

◆粉晶

粉晶是玫瑰色的水晶，又叫"芙蓉石"，还称为"玫瑰水晶""蔷薇水晶""祥南玉"。因为水晶晶体含有微量元素锰和钛而形成玫瑰色。粉晶透明或者半透明，因为颜色较浅，几乎没有多色性。粉晶呈玻璃光泽和油脂光泽。有的粉晶内含针状金红石包裹体，如果平行包裹体方向把粉晶磨制成弧面形宝石，即可以显现星光效应，其他宝石几乎都是发射星光，而粉晶的半透明性却可以透射星光。

粉晶手链

粉晶手镯

双色水晶吊坠

双色水晶小把件

喜结连理红绿双色发晶摆件

粉晶在我国的产地有新疆、云南、内蒙古。巴西出产的粉晶质量最好。粉晶主要用来制作项链、鸡心坠和小型的摆件。粉晶颜色越深越好。桃红色越深价值越高，有星光效应的粉晶价值更高。

◆ 双色水晶

紫色、绿色、黄色3种颜色中，拥有其中两种颜色的水晶都可以称为双色水晶。市面上最常见的是紫黄水晶，这种水晶由紫色和黄色两种颜色构成，形成各自的色斑或色块，往往没有明显的界限，有时也形成明显的与菱面体生长区相关的色区。天然的紫黄水晶只产于玻利维亚，但这种颜色特征可用紫晶或合成紫晶经过加热处理来实现。处理的紫黄水晶与天然紫黄水晶尚无法加以区别。

烟晶手链

◆烟晶

烟晶是水晶家族中很特别的成员之一。因水晶晶体具有清凉的作用，它能使眼睛避免阳光的强烈刺激，所以是制作眼镜的理想材料。烟晶的颜色有褐色、黑色和烟黄色。我国把烟黄色、褐色水晶也称为茶晶，黑色水晶则称为墨晶。颜色均匀，没有杂质，很少有包含物的烟晶是最好的。烟晶的多色性有浅褐色至烟褐色、褐色至棕色。

烟晶手链

烟晶手链

烟晶的颜色为空穴色心形成，成分中含有微量的铝离子，是经天然辐照作用形成。烟晶的颜色经加热会褪色，变成无色的水晶。同样，许多无色的水晶也可经辐照形成烟晶的颜色。烟晶的多色性为明显的褐色至红褐色。

烟晶的内含物与水晶相似，少有特别之处，有时见有细长的金红石针。

烟晶多产于花岗伟晶岩、花岗岩的晶洞和后期的热液矿脉中。产地也很多，比较知名的有瑞士、西班牙、马达加斯加、津巴布韦和美国等。我国的烟晶产地有内蒙古、甘肃、福建、浙江和新疆等地。烟晶多用来做雕件、眼镜片、章料和串珠状饰品。

双福双禄红发晶吊坠

貔貅纳顺运发晶吊坠

◆发晶

在无色透明的水晶内部，因为包含了针状、丝状、纤维状、草束状、放射状或者发状排列的矿物，让人感觉水晶里面有发丝一样，所以叫发晶。这些矿物包裹体有金红石、黑色电气石、阳起石、角闪石、绿帘石、针铁石等。因为包含不同颜色的矿物，所以产生了不同颜色的发晶。发晶非常美观，是水晶中最珍贵的品种。比如含有金红石的发晶形成钛晶、红发晶、黄发晶、银发晶；含有黑色电气石的发晶形成黑发晶；含有阳起石的发晶形成绿发晶。

在发晶的形成过程中，因为矿物形成方式和排列方式不同，还会产生叫作“兔毛”的细柔发晶，如红兔毛发晶、黄兔毛发晶等。

发晶中的极品是钛晶，其晶体部分是白色或者茶色，内部的红色或黄色针状或发丝状矿物是金红石，金红石的化学成分是二氧化钛。钛晶一般被做成项坠，而来保持它的完整性，它是水晶中价格最贵的品种，非常适合青春洋溢、热情奔放的女孩子佩戴。钛晶和金发晶比较相像，只是金发晶内含物呈丝状或细发状，而钛晶呈粗针状或板状。

红发晶有透明和半透明两种，有浅红色到深红色。红发晶比较稀少，一般制作成项链或者手串，晶体大的也可以做成雕件。

发晶手链

貔貅发晶吊坠

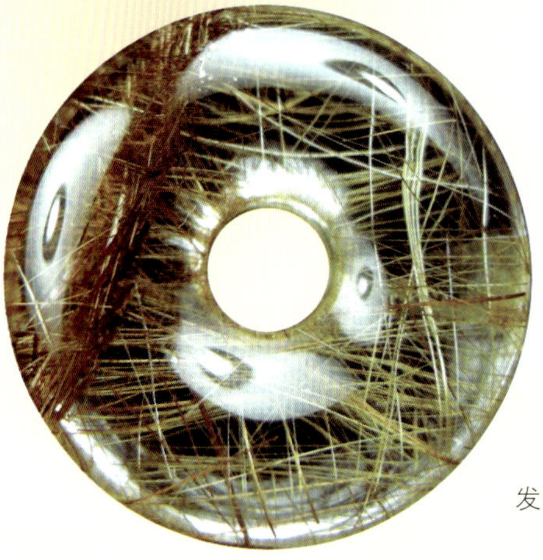

发晶平安扣

水晶与中国古代官职

我国清朝的朝珠就是用水晶穿成的，还将其装饰在朝服和乌纱帽上，以显示皇家的威仪和官场的权势。在清朝官员的朝服和吉服上面都镶嵌着水晶，比如，规定朝冠五品官顶饰小蓝宝石，上衔水晶；七品官顶饰小水晶，上衔素金。规定吉服冠五品官顶饰水晶。雍正五年（1727 年）重新规定五品、六品官用水晶顶；雍正六年（1728 年）改规定为七品官用镂花水晶顶。

钛晶戒面

◆水胆水晶

内部含有较大液态包裹体的透明水晶叫作水胆水晶。晃动这些水胆水晶，能看到液体的滚动。水胆水晶的形成是因为水晶晶体生长速度太快，晶体包裹了水溶液或岩浆液体。水胆水晶以圆球形最佳，拿在手里一摇，气泡会左右晃动，非常奇妙，因此价格也比较贵，是水晶家族中珍贵的品种。

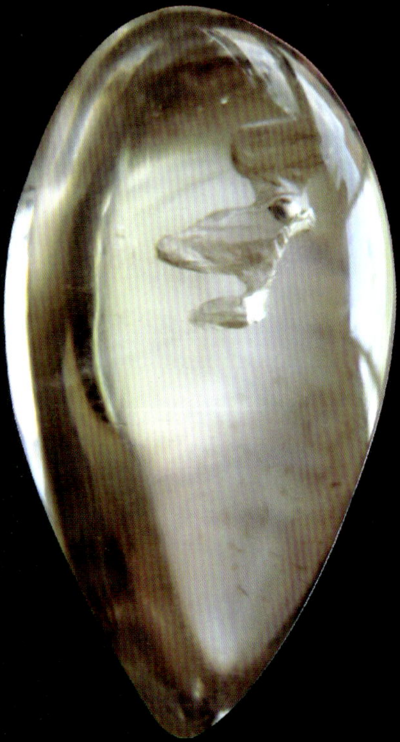

水胆水晶

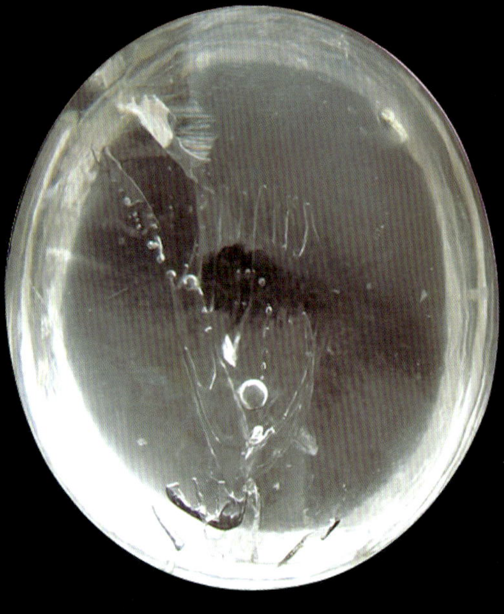

佛手水胆水晶吊坠

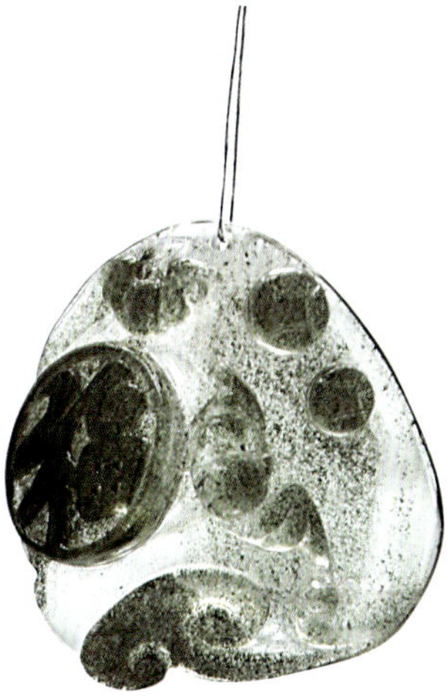

福运连连绿幽灵吊坠

祝福如意绿幽灵小把件

◆幽灵水晶

在无色透明或者浅色透明的水晶内部，有绿色或其他颜色的矿物包裹体，看起来就像是花鸟鱼虫、树木、宫殿等景观，好像在这个水晶中包含了宇宙万物，因此称为幽灵水晶，也叫异像水晶。根据包裹体颜色不同，分别把它们称为红幽灵水晶、白幽灵水晶、绿幽灵水晶等。其中绿幽灵水晶较为常见，在绿幽灵水晶中，苔藓水晶、庭院水晶最为大家所熟悉，这类水晶内部是灰白色到浅绿色再到深绿色的绿泥石包裹体。因为透明的水晶和不透明的包裹体之间充满诡异的光影变幻，所以形成各种各样的景观，甚至有的像金字塔，有的像蓬莱仙岛。因为水晶内部的图案形象逼真、美轮美奂，所以这类水晶身价不菲。

幽灵水晶手链

◆猫眼水晶

猫眼水晶戒指

具有猫眼光学效应的水晶叫猫眼水晶。如果有大量的细密平行排列的包裹体、金红石针状包裹体、纤维状包裹体在水晶中，把这种水晶加工成弧面形宝石，它的表面就会形成猫眼效应，就是猫眼水晶，也叫石英猫眼或者勒子石。它具有精美的猫眼状光带，猫眼水晶呈半透明，有白色到灰褐色、含绿色的黄色、黑色或者橄榄绿色等各种颜色。猫眼石中的纤维，有的是普通石棉，有的是青石棉。最好的猫眼绿发晶，因为发丝密集纤细，所以猫眼效果更加明显，不透明，为灰绿色或者深绿色，在光照下，就和猫的眼睛一样，忽开忽闭、若隐若现，十分珍贵。

金发晶猫眼塔链

星光宝石吊坠

也有人把虎睛石和鹰眼石统称为“石英猫眼石”。它们呈半透明或透明，有丰富的颜色，如黄色、棕黄色、灰黄色、黄绿色、灰绿色、灰色、灰褐色、棕褐色、黑褐色等。石英猫眼石主要产自印度、斯里兰卡和巴西。

◆ 星光水晶

具有星光效应的水晶叫作星光水晶。如果有两组以上定向排列的针状、纤维状包裹体在水晶内部，把此水晶加工成弧面形宝石，它的表面就会有星光效应。星光效应有四射星光和六射星光的分别。

星光水晶吊坠

福禄金运毛笔发晶吊坠

福在眼前金顺发晶吊坠

招财葫芦水晶吊坠

水晶的加工

水晶开采出来后，一般都需要经过加工才能发挥它最大的价值和作用，才能满足人们观赏、佩戴和收藏等需求。

加工的好坏直接影响水晶的价值，有时候新潮的设计和高质量的加工可以让其和同类水晶相比价格倍增，有时候水晶加工产生的价值超过水晶本身具有的价值。

把水晶加工成什么形状，通常是根据水晶原石的质量来决定的。透明而颜色好的水晶通常加工成刻面型；颜色好但透明度差或者有瑕疵裂纹或者有特殊光学效应的水晶，就可以加工成弧面型或者加工成项链、手串；水晶的晶体较大或者有特殊的颜色，就加工成雕件、挂件和摆件。

具体的工序是开料、压坯、粗抛光、细抛光、打孔、雕刻、喷砂、粘胶、质检、包装。

龙行灵运绿幽灵吊坠

（1）开料：是将整块材料用大锯片高速锯出压坯所需之形状和大小。

（2）压坯：以模具制作出成品所需尺寸及形状，再将原料加温至 900℃以上熔化，流入模具，压铸而成。

（3）粗抛光：是将模具压出之毛坯，以金刚石盘直接磨出成品之刻线。

（4）细抛光：在粗抛光之后，以抛光粉来磨成品至晶莹剔透为止。

（5）打孔：是在水晶成品未完成前，根据其所需打孔之尺寸及位置，以钻头加工，如制表件、笔筒、瓶孔等。

（6）丝印：水晶表面附有不同的色料进行效果处理，颜色层面较厚，着力后方可脱落。

（7）镀彩：运用类似电镀的手法在水晶表面镀以不同的色彩，层面较薄，经摩擦可划伤出现划痕，由于镀彩经常

情致紫晶手链

水晶吊坠

雪花紫晶吊坠

位于底部，因此在镀彩底部经常采用其他对象附着，如生肖文镇。

（8）雕刻：立体感强，工艺高，做工精细，成本高。分手工雕刻图形、机器雕刻文字。

（9）喷砂：立体感弱，较平整，无凹凸感，机器雕刻文字、图形等后进行效果处理。

（10）激光内雕：以计算机辅助激光设备在水晶上进行三维图案的成型，艺术效果好，可以任意表达各类图案，达到立体逼真效果。

水晶发卡

粉晶配紫晶手链

财富紫晶俏玫瑰晶吊坠

比翼双飞绿幽灵俏色吊坠

水晶的传奇故事

从古至今，水晶都被人们看作是最纯净的物质，常被人们比作贞洁少女的泪珠，夏夜天穹的繁星，圣人智慧的结晶，大地万物的精华。人们还给珍奇的水晶赋予许多美丽的神话传说，把象征、希望和一个个不解之谜寄托于它，一段段美丽的传说故事总和它如影随形。人们认为水晶可以促进人的交流，使人和睦相处，家里摆设一件，可以家和万事兴。古希腊人则认为水晶是“洁白的冰”，有神灵藏身其中，把水晶球放在家里，可以预测未来。

蝶恋花净体金丝发晶吊坠

一夜成名紫晶吊坠

多色水晶手链

◆水晶仙子

传说很久以前，在东海境内有座山，山间有两条小溪，一条叫“上清泉”，另一条叫“下清泉”。有一位美丽的水晶仙子就住在小溪旁边修行，山下有个小村庄，水晶仙子后来喜欢上村里的一个帅小伙。这个小伙子健康勇敢、勤劳善良而且乐于助人，虽然很贫穷，但乐观开朗，他也对水晶仙子一往情深，两人两情相悦，准备结为夫妻。

水滴形紫晶吊坠

紫晶项链

不过，水晶仙子和凡人相恋的事情不知怎么被天上的玉帝知道了，玉帝得知此事之后非常愤怒，他认为人仙不能结合，就派天兵天将来到东海，要把水晶仙子带回天庭，水晶仙子不愿意回去，又无力反抗，只能独自落泪，这些眼泪落到人间，便慢慢化为了水晶。

◆ 紫水晶姑娘

传说古希腊酒神巴斯卡暗暗爱上了美丽的女神戴安娜，可是女神戴安娜却不爱他，所以巴斯卡对女神产生了怨恨。巴斯卡为了泄私愤，发诅咒说:“自己遇到的第一个女人将会被老虎吃掉。”

紫云如意紫晶吊坠

福禄紫晶吊坠

紫晶手链

有一天，一个叫阿麦斯特的美丽姑娘和他相遇，巴斯卡就残忍地把她推到一只凶猛的老虎面前。女神戴安娜恰好看到这个情况，她为了使美丽的姑娘免遭伤害，就用魔法把阿麦斯特变成一尊白色的水晶雕像。这尊洁白的水晶雕像却神奇地迷住了巴斯卡，他幡然醒悟，非常后悔自己的行为，可是大错已经铸成，无法弥补了。这个时候，他无意中把一滴葡萄酒滴到了雕像上面，这块白色水晶竟然慢慢变成了紫色水晶。他为了弥补过失，同时也为了纪念那位姑娘，就以这位姑娘的名字“Amethyst”来命名紫水晶，这位姑娘也就成了美丽的紫水晶姑娘。

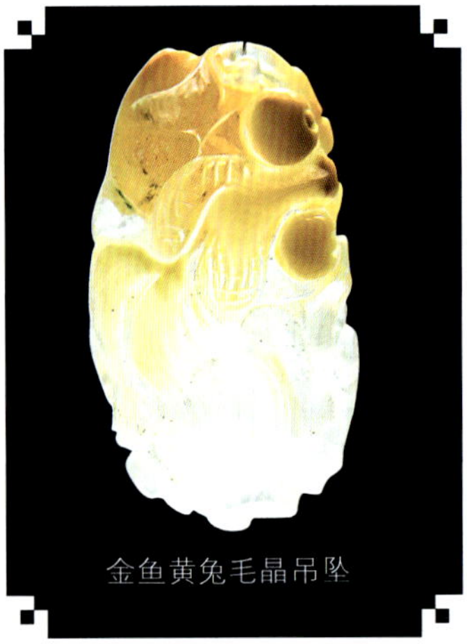
金鱼黄兔毛晶吊坠

招财貔貅金发晶挂件

水晶之恋——水晶饰品的选购与收藏

水晶的优劣评价

同样规格的天然水晶，由于选料、色彩、光泽、造型和做工的不同，往往价钱有很大的区别。基本规律是：选料越好、光色越鲜艳、造型越独特、做工越精细的水晶就越贵。

◆选料

选料好的水晶制品，应很少看到星点状、云雾状和絮状分布的气液包裹体。质地纯净无杂、纹理有序、充满生机的为上好水晶，如有深浅不一的断裂纹、斑点，则属于次品。

◆块体大小

水晶块体的大小也决定了水晶价值的高低。同样颜色、净度的水晶，块体大的价值高。因为大块的水晶在自然界中少见，有时候质量差些的水晶，只要块体够大，可能价值会超过高级别的小块体水晶。

金运四方顺钛发晶吊坠

龙凤呈祥水晶摆件

◆净度

无色水晶晶莹剔透，光彩照人。它的价值取决于它的净度，净度越纯、越干净、无瑕疵、杂质少，价值越高。假如无色水晶瑕疵很多、很脏，价值就很低。

目前国际上还没有天然水晶的净度分级标准，只有一个业内人员的简单约定。评价的依据是用肉眼观察，天然水晶可以分为下面几种级别：

AA：整个水晶晶莹剔透，表面无可见的瑕疵。

A1：有极细微的瑕疵，有极细小的天然内含物。

A：有轻微瑕疵，肉眼可见云雾状或絮状内含物。

景观混色顺发晶吊坠

水晶手链

浪漫水滴形多层手链

AB：有大块云雾状内含物，有小隐裂，表面有细小划痕。

B：水晶中一半以上都是云雾状和絮状内含物，有大块隐裂，表面有较小裂痕。

C：整体呈云雾状，隐裂明显，表面有明显裂痕，感觉随时会碎。

◆颜色

在水晶家族中，以紫晶和黄晶价值最高。还可以根据颜色深浅把它们分级，颜色较深的是A级，稍浅的为B级。通常颜色较深的价值高，但是不能发暗。水晶的颜色包括两个方面，一个是无色水晶中包裹体的颜色，再一个是水晶本身的颜色。无色水晶内含包裹体的颜色艳丽，其价格就高，如钛晶、绿幽灵、红兔毛。有色水晶本身要颜色纯正，分布均匀，不能太深或太浅，也不能有深有浅，如紫晶、黄晶、澳洲玉、蓝玉髓价格就高。紫晶以颜色深紫、晶莹剔透、稍有云状物的为上品。

黄水晶耳环

龙行金运板钛水晶吊坠

◆透明度

按照透明度指标，越透明的水晶价值就越高。质量上乘的水晶加工出的成品晶莹剔透、光彩照人。透明度高的水晶能提升颜色的深度和艳丽程度，不会显得呆板。光学水晶要求全透明、无双晶、无杂质。工艺品水晶要求透明、少裂纹、少瑕疵。熔炼水晶要求透明，可以有裂纹。三者价值依次降低。在工艺水晶中，有的较大晶体可以用来制作水晶眼镜或雕刻高档工艺品，所以价值较高，熔炼水晶因为只能作为水晶玻璃的原料，所以价值较低。

◆造型

当水晶内包裹体形成美丽图案时，如幽灵水晶、风景水晶或者针状包裹体呈束状排列时，水晶的价值就比普通的水晶价值高。图案越美观、越有意境，价值越高。

米字形椭圆金发晶吊坠

蝴蝶双色绿幽灵吊坠

◆做工

水晶制品的加工包括打磨和雕刻。水晶项链、手链、耳环等属于研磨品，佛像、摆件等属于雕刻品。一件好的水晶制品做工是非常精细的，既可以让人看到造型、款式等外观美，又可以让人看到水晶内在蕴藏的美。

水晶的鉴定方法

水晶近年来市场火爆，且品种繁多，市面上以次充好、以假乱真的现象随处可见。天然水晶中的白水晶、茶晶、黄水晶、紫黄晶、紫水晶是经常被人仿制的天然水晶种类。从技术上来说，这些水晶比其他水晶的仿制更容易，一般的收藏爱好者很难去辨认是否是真的天然水晶。那么如何判别天然水晶的真假呢？一般有两种方法，一种是直观识别，另一种是仪器识别。

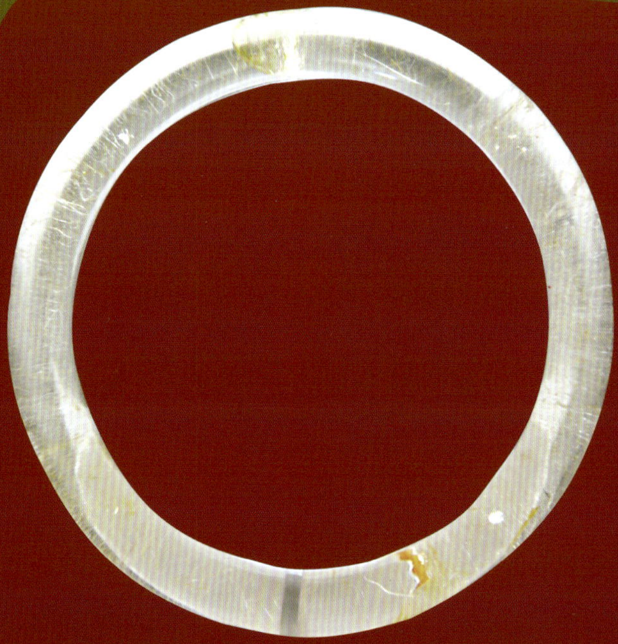

黄发晶手镯

兴荣如意钛金发晶把件

◆ 直观识别法

直观识别法是观察水晶的颜色、光泽、色散、透明度、特殊光学效应和包裹体等，即依据水晶的物理特性进行鉴定。可以使用下面的常用方法：

凭手感

天然的水晶握在手里有沉重感，越好的水晶越沉重，同样体积的水晶，天然水晶比较重，合成水晶和熔炼水晶比较轻。由于水晶可以快速吸走手掌心的热量，天然水晶放在手掌心或额头会有冰凉感。天然水晶特别冰凉，合成水晶次之，熔炼水晶冰凉感不明显或有温感。

看透明度

合成水晶与熔炼水晶的透明度比较统一均匀，一透到底，看起来非常假。天然水晶往往有棉絮状的杂质，有裂纹，透明度不均匀，哪怕是晶体全部通透的顶级 A 货水晶，只要认真观察，都会发现它透得真实。

兴隆红运红兔毛水晶吊坠

丰收有福绿幽灵吊坠

试发丝

把一根头发丝放在水晶球下面，从上面看下去，就会发现原来的一根发丝变成两根平行的发丝了，这是水晶球的折射效果所导致的。如果仍然只能看到一根发丝，就肯定是假的。当然，现在的合成水晶也有这种效果，用这种方法只能鉴别天然水晶与熔炼水晶。

看颜色

天然水晶的颜色一般分布不均，常常伴有色带。而合成水晶由于是在相对稳定的条件下形成的，颜色分布均匀统一，颜色艳丽。天然无色水晶的颜色带有烟青色调，感觉柔和；合成无色水晶发白且干，没有生气。

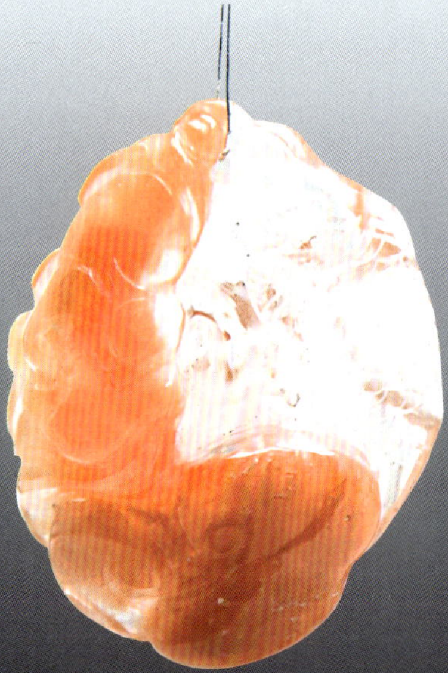

灵鱼吉运红兔毛水晶吊坠

福在眼前丛状绿碧玺发晶吊坠

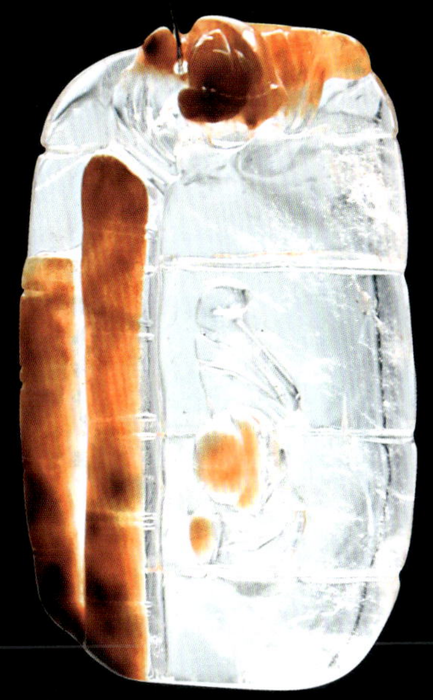

祝福红兔毛水晶吊坠

看包裹体

因为水晶生长在自然界中，所以水晶晶体内多含絮状物、裂隙和其他矿物包裹体。一般情况下，用 10 倍放大镜观察水晶时，看它是否有天然的矿物包裹体或负晶，这些包裹体多数呈现针状或絮状，如果里面有这些东西，一定是天然水晶。而合成水晶和玻璃比较干净。如果是水晶原石，那么它会呈现出玻璃光泽和贝壳状断口，并且断口呈现油脂光泽，表面会有横纹或多边形的蚀象。反之就不是天然水晶。

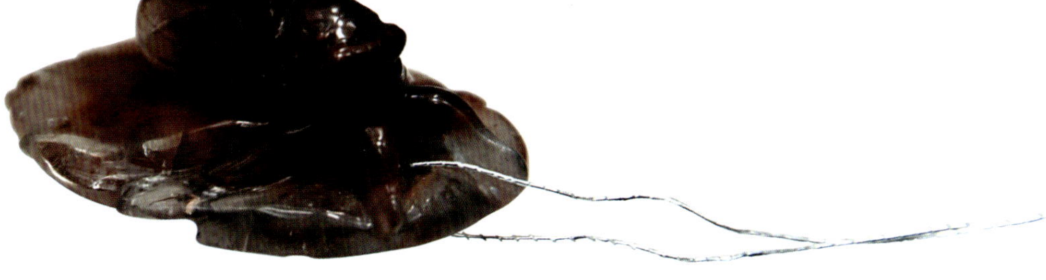

一鸣惊人红发晶吊坠

紫晶黄晶手链

绿幽灵手链

◆仪器鉴定法

宝石鉴定的仪器包括折光仪、偏光镜、放大镜、二色镜、热导仪等，借助这些仪器，对水晶的鉴定就可以更加快捷和准确。

放大镜

通常采用 10 倍放大镜观察水晶内部时，天然水晶常见含有棉絮状包裹体或针状包体，而合成水晶非常干净。

偏光镜

在偏光镜的载玻片上放上水晶，转动 360° ，如果有 4 次明亮和 4 次黑暗的现象出现，说明水晶是真的天然水晶。

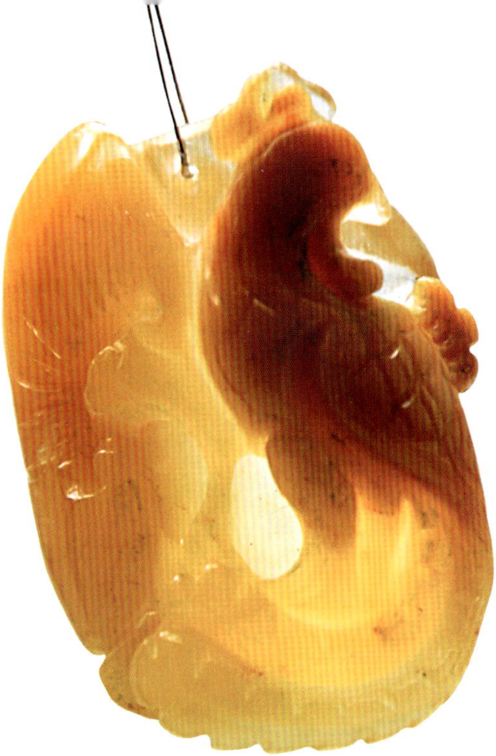

有凤来仪黄兔毛水晶吊坠

密度法

因为水晶的密度已知为 2.66 克 / 立方厘米，使用静水力学原理来测量宝石的密度，看它的密度是否是符合的，即可判定。

折光仪

因为水晶的折射率是 1.544~1.553，可以用水晶的折射率来和所测的水晶进行比较，看所测的水晶是否吻合。

多色性

因为水晶有二色性，观察水晶有没有二色性，再结合其他数据来判断所测水晶是不是天然水晶。

红外光谱仪

对于非常干净、生长痕迹十分不明显的水晶饰品，常规仪器鉴定会有很大困难，然而使用红外光谱仪，这一困难便能得到很好解决。例如，天然无色水晶以 3595 厘米 $^{-1}$ 和 3484 厘米 $^{-1}$ 为吸收特征，而合成水晶则缺乏 3595 厘米 $^{-1}$ 和 3484 厘米 $^{-1}$ 为吸收特征，并以 3584 厘米 $^{-1}$ 和 5200 厘米 $^{-1}$ 吸收为明显特征。

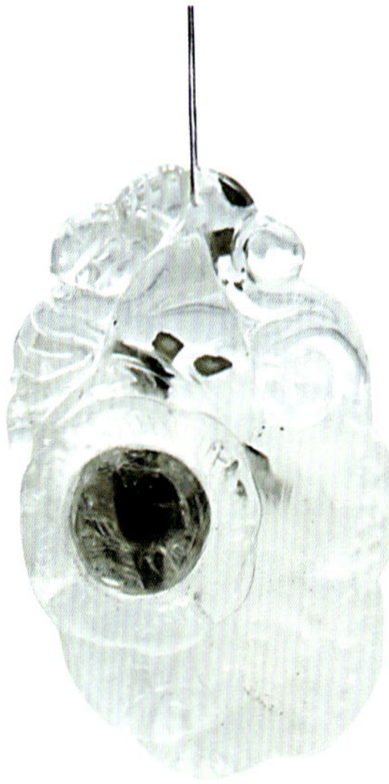

福在眼前白水晶含金云母水晶吊坠

绿幽灵水晶项链

水晶的常见瑕疵

水晶因为外力撞击造成的破损、凹痕、断裂等，以及水晶中包含的影响美观的云雾状、絮状的包裹体等，都会影响水晶美观。

◆ 隐裂纹

隐裂纹在无色透明的水晶中呈现出亮晶晶的片状，有时候还会产生晕彩效应。这是因为水晶在生长过程中，遭遇到外力的挤压，在内部产生了隐形

水晶情侣项链

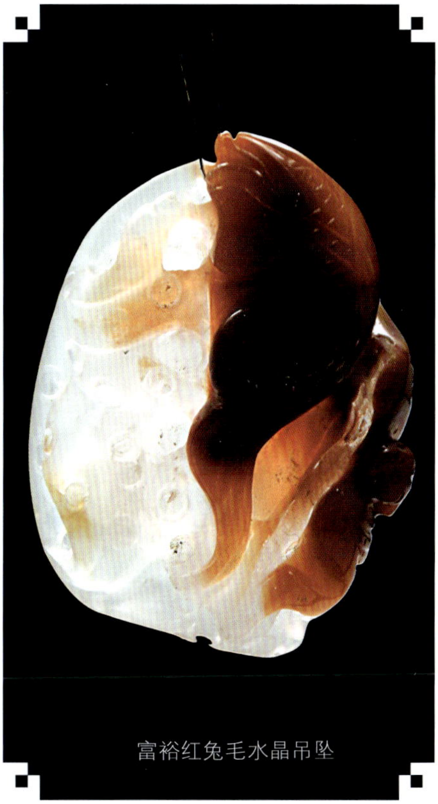

富裕红兔毛水晶吊坠

的裂纹，在白水晶球、紫水晶球、芙蓉石和白水晶柱中都常见有隐形裂纹。还有的裂纹在生长过程中被其他物质填充，形成愈合裂纹，这种裂纹对水晶美感影响较小。但如果由于外力作用或某种人为原因使水晶产生大的裂隙或裂纹，就会对水晶品质造成较大的影响。

◆棉絮状、云雾状或渣状包裹体、杂质

在透明水晶内部有雾蒙蒙的现象或是感觉里面像有棉絮状、渣状物质一样的包裹体，将影响水晶的整体美观和品质。还有的水晶内局部含有黑斑或其他颜色的斑状物质，与水晶整体不协调，一般认为有这种杂质的水晶是次品。

金运连连板钛水晶吊坠

◆ 生长缺陷

水晶生长过程中自然形成的或深或浅的表面坑洼，有时候因为水晶晶体包含其他矿物晶体，在抛光时，这些矿物因为和水晶晶体结合力不强就脱落了，从而形成缺陷。

水晶关公雕像

蓝水晶吊坠

含包裹体水晶

水晶的优化处理与仿冒

水晶的优化处理与仿冒主要有热处理、辐照处理、染色处理、拼合处理、镀膜处理等。

黄水晶吊坠

六角海星茶晶吊坠

◆热处理

颜色分布不均匀或者浅色的紫水晶加热到 400~450℃时，颜色会变成褐黄色或者褐红色，即深色的黄水晶（如果紫水晶加热超过 575℃，水晶就会完全失去颜色）。大多数深色的黄水晶都是由热处理过的紫水晶形成的，外观和优质的巴西托帕石相似，在市场上被称为托帕石水晶，而深褐色到红色的水晶常被当作马德拉或者西班牙托帕石出售。紫水晶和烟晶也可以通过热处理形成柠檬黄色、酸橙黄色的黄水晶，一些热处理的紫水晶会变成绿色，被当作绿泥石出售。普通虎睛石加热后会变成红色虎睛石。

热处理过的黄水晶中很难找到优化处理的证据，而且不同宝石的颜色深度和色调也各不相同，这使它很难被鉴别。不过，水晶的常规价格可以帮助你判断宝石是否是天然的，因为热处理过的黄水晶很便宜。一些热处理的紫水晶颜色不稳定，在阳光下暴露几年以后就会褪色。

◆染色处理

有人使用各种材料染色来改善水晶已有的颜色或者仿冒其他天然的宝石，有时用绿色的塑料染料对石英晶体染色来仿冒祖母绿，且被放入祖母绿原石中充当主石。主石是指一块宝石中最重要、最漂亮的宝石，决定了整块宝石的价格。因此，有色水晶和其他宝石混在一起，有时很难被识别。水晶晶体的底尖破碎后常留下六边形晶体的外观，这和祖母绿晶体很相似。如果水晶使用的是这种处理方法，用硬的金属针尖刮擦表面的涂层，就能把颜色去掉。

水晶还可以被染成红色来冒充红宝石，然后加工成弧面，使得折射率很难被测到。水晶也可被放在红色的油中浸煮后来仿冒红宝石，也不太容易检测，不过用丙酮或者酒精擦拭表面，一些红色的颜色层可以去掉。

紫晶弥勒佛雕件

无色水晶观音吊坠

异形水晶洞

福寿如意发晶把件

巴西异形水晶洞

◆ 辐照处理

辐照处理通常用来处理无色水晶。首先用辐照方法把水晶变成黑色或深棕色，然后再用热处理减色，最后形成需要的颜色。珠宝商在出售辐照水晶的时候一般会向消费者说明水晶是否经过辐照处理。一般烟晶都经过辐照处理，但这不必要担心，因为辐照处理后的水晶都会放置到放射量达到安全级别才会拿出来销售，消费者可以放心购买使用。

◆拼合处理

由于环境的原因，一些水晶在生长过程中形成了一些特殊的图案。为增加这些图案的立体效果，有人把有图案的水晶放在下面，把无色透明水晶放在上面，用胶黏合在一起，这样就形成了完整的拼合水晶。鉴定这样的水晶，要仔细观察有没有粘合缝，粘合的地方硬度小，用小刀能划动，而且常会有气泡。

五福貔貅钛晶吊坠

◆镀膜处理

即在水晶表面用真空镀膜技术镀上彩色的薄膜。经过镀膜处理的水晶具有典型的晕彩效应，在光线下五光十色，非常亮丽，但是用小刀刻画会有痕迹。也有在水晶内部通过小孔镀膜的，这个时候只有通过彩虹色来判断水晶有没有经过镀膜处理。

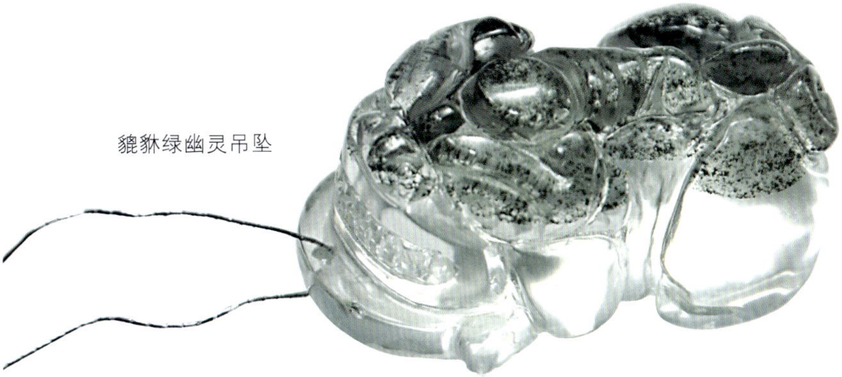

貔貅绿幽灵吊坠

烟晶戒指

与十二生肖对应的幸运水晶

鼠：绿幽灵、茶晶、紫水晶

牛：粉晶、黄水晶

虎：黄水晶、钛晶

兔：绿幽灵

龙：黄水晶、紫水晶

蛇：绿幽灵、紫水晶

马：紫水晶

羊：紫水晶

猴：黄水晶、白水晶

鸡：黄水晶、茶晶、白水晶

狗：紫水晶、粉晶

猪：紫水晶、粉晶

白水晶如意寿提篮

守护爱情水晶项链

合成水晶球

仿制水晶的鉴定

玻璃是水晶的主要仿制品。市场上的玻璃仿制品有玻璃球、玻璃项链、茶色玻璃镜片、玻璃雕件、锥柱状玻璃等，是在玻璃制造过程中添加一些金属元素、碱金属元素或稀土元素来仿制天然水晶。这些仿制品本质是玻璃，不是合成水晶和人工水晶。

◆水晶球和玻璃球

鉴定水晶球，首先可以看大小，如果球体很大，那么基本可以判断是玻璃仿制品。天然水晶球一般直径 2~5 厘米，直径达到 10 厘米的纯净水晶球就是天然水晶球里面的高档品。

还可以看球内的包裹体，天然水晶球内的包裹体呈絮状，仿制品内的包

水晶项链

裹体是搅动状或有气泡。还可以用手感来判断，一年四季，天然水晶球用手一摸就发凉，仿制品摸起来发温，当然不能长时间摸，要以第一感为准。

再就是看双影，把水晶球放在有字的纸上或线条上，透过水晶球看下边的字或线条，如果是双影，就是水晶，否则就是仿制品。观察时要转动球体，因为在水晶的垂直光轴上，光线也是没有变化的。

◆水晶项链和玻璃项链

水晶项链的颜色不会很统一，仿制品的颜色很统一，在光线照射下还会显示彩虹色；在偏光镜下观察，水晶有四明四暗的变化，仿制品全暗或是出现不规则黑带；天然水晶项链用手摸起来发凉，仿制品摸起来发温；水晶的折射率是1.553~1.544，仿制品的折射率可能小于1.54，或者大于1.7，没有处在二者之间的折射率；仿制品多是磨具工业化生产的，刻面没有棱线，

花仙子水晶吊坠

刻面中间有点内凹，弧面有凹陷；用10倍放大镜观察，水晶项链内部有絮状包裹体，仿制品很干净，偶尔有气泡。

◆茶色玻璃镜片和水晶镜片

观察二者颜色，颜色分布不均匀的是水晶，颜色均匀的是仿制品。另外水晶的密度大大超过仿制品的密度，而且水晶的折射率也大于仿制品的折射率。

◆天然水晶柱和玻璃水晶柱

天然水晶因为生长环境的关系，晶体表面不光滑，常有横纹和蚀象，仿制品则表面光滑；在10倍放大镜下观察，水晶内部有絮状包裹体，仿制品内部没有包裹体，或偶尔有气泡；水晶有凉感，仿制品没有；天然水晶硬度大，钢刀划过不留痕，仿制品会留痕；还有就是如果是蓝、红、绿这3种鲜艳颜色的水晶，一定是仿制品。

水晶雕花手镯

黄水晶随形手链

云母水晶滴水景观吊坠

合成水晶吊坠

水晶原石吊坠

合成水晶的鉴定

1905 年，世界上第一颗水热法合成水晶诞生。20 世纪 70 年代苏联合成了黄晶和紫晶，至今全世界每年约有 20 吨彩色水晶被用于珠宝业，主要品种是合成紫晶、合成黄晶，另有少量绿色、蓝色及黄、绿两色的双色水晶。

天然水晶

合成水晶吊坠

合成水晶是在种晶的基底上生长起来的一种晶体。种晶的取向主要有两种，一种垂直于Z轴，另一种平行于Y轴。不同颜色的合成水晶其种晶的取向不同，掺杂离子也不太相同。

◆ 合成水晶的鉴别方法

（1）颜色：合成水晶是在相对稳定的条件下经人工生产的产品，因此其批量样品表现出过多的统一性。无色合成水晶可有统一的高透明度，而彩色水晶则表现出均匀、统一的颜色，有时受着色剂浓度的影响，颜色可有过深、过浅的现象，而且颜色呆板、发假。如合成紫晶可有均匀的深紫色，同时带有蓝色调；又如合成黄晶多表现为浓黄色。而天然彩色水晶一般都有颜色深浅不均匀的现象，而且颜色柔美、真实。

（2）种晶：合成水晶中可见种晶板，种晶板有无色、彩色两种。种晶板与后期生长水晶之间有清楚的界限和颜色差异。受高压釜内过饱和溶液或釜内温度波动的影响，一些杂质或自发形成的微晶粒落在种晶板的晶面上或有缺陷的部位，形成微小双晶，即花絮状双晶。在显微镜下观察时这些杂质或絮状双晶表面为灰白色雾状。种晶板的附近还常出现应力裂纹，这些裂纹十分细小，裂隙面呈弯折状，与种晶板呈一定夹角排列。在已加工好的宝石顶部，常可见到这种雁行排列的裂纹。

（3）包裹体特征：天然水晶可有品种繁多的固态包裹体，而合成水晶中主要出现的是锥辉石或石英的微晶核。这些固态包裹体都表现为一种面包

天然水晶手链

合成水晶手链

渣状。这些“面包渣”也可能来源于那些未溶解的原料，当水晶生长条件较稳定时，“面包渣”就十分稀少；当水晶生长条件不稳定时，特别是在合成水晶生长阶段发生中断时，在平行于种晶板的一些平面内“面包渣”大量出现，犹如“桌面灰尘”，三层甚至两三层贯穿于整个晶体中。初入门者常误把这些“面包渣”或“桌面灰尘”当成天然水晶的证据，把它们与天然水晶中出现的细小的“絮状”“渣状”以及愈合裂隙内的气液指纹状包裹体混同起来。如果仔细观察这两种不同成因的包裹体，还是有区别的，首先天然水晶中的指纹状包裹体常沿裂隙充填，分布于晶体的某一局部，不同方向的裂隙产生不同方向排列的指纹状包裹体；而“桌面灰尘”状包裹体则贯穿于整个晶体，几层“桌面灰尘”状包裹体大致定向排列；在高倍显微镜下天然水晶的“面

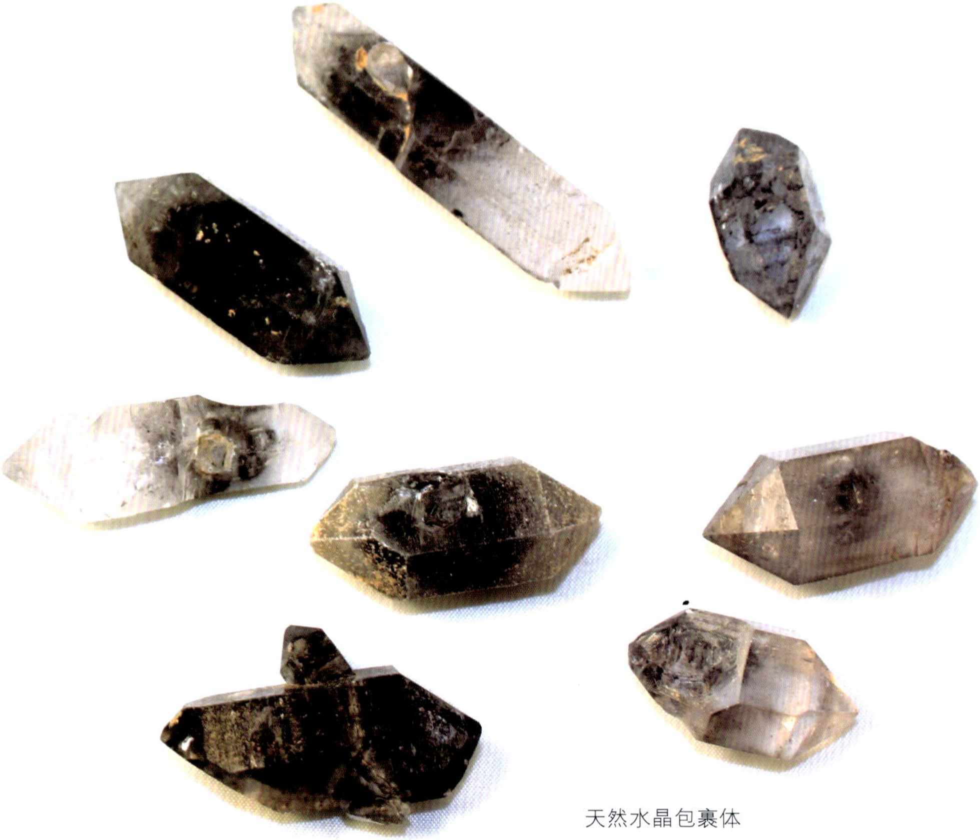

天然水晶包裹体

彩色水晶耳钉

包渣”多为细小的气液两相包裹体，而合成水晶的“面包渣”则为均一细小雏晶。

（4）色带合成：彩色水晶（主要是紫晶、黄晶）中亦可出现色带，但仅出现一组色带，色带平行于种晶板。在合成紫晶中，种晶板平行于正菱面体 R 面或负菱面体 Z 面，晶体生长的主要方向平行于种晶板，因此合成紫晶仅有平行于菱面体方向的色带以及与色带平行的密集的生长纹。在合成黄晶中，种晶板平行于晶体的底面 C，亦即垂直于晶体的光轴，因此在合成黄晶中可看到垂直于晶体光轴的平行色带和密集的晶体生长纹。在具体鉴定中可利用正交偏光与干涉球，首先找到光轴方向，再确认色带的方向。

（5）双晶：天然水晶中常出现巴西双晶，双晶可以贯穿整个晶体，也可能仅表现在晶体的局部。在天然水晶中，非双晶区域可显示牛眼干涉图，在双晶区域可显示螺旋桨状干涉图，而在合成水晶中，一般见牛眼干涉图，而看不到螺旋桨状干涉图。

连年如意红兔毛水晶吊坠

连年有余绿幽灵水晶吊坠

水晶饰品的保养

晶莹光洁、玲珑剔透的水晶饰品或者是水晶摆件常常让人爱不释手。所以怎样保养水晶人们也非常关心。有以下几个方面提醒人们注意：

◆ 单独存放

水晶性质很脆，因此水晶饰品不要和其他饰品一起放置或者佩戴，防止造成碰撞摩擦，从而损伤水晶饰品。

◆勤清洗

水晶饰品晶莹剔透，表面明亮，注意不要让汗渍、油污和尘埃沾染，以免失去光泽。佩戴水晶饰品之后，可以用性质温和的肥皂水和软毛刷轻轻刷洗，也可以用清水冲洗。清洗后，在没有棉绒的毛巾上晾干就行了。

凤衔如意黄发晶把件

◆防碰撞、防摔打

大型水晶摆件要放在相对安全的地方。如果上面落了灰尘，应该用没有毛绒的毛巾擦拭，还可以用清水冲洗，然后自然晾干就行。水晶性脆，注意不要让水晶制品从高处跌落，也不能重压。如果搬运大型的水晶摆件或者水晶制品，要抓紧底座或者抓住大部分摆件，不能抓顶部和突出的角，防止断裂后跌落，摔坏水晶制品或砸伤人。

灵光滴水黄水晶小把件

灵蟾紫晶摆件

◆防腐蚀

虽然水晶的物理性质和化学性质都很稳定，但是裂隙常会发生性质变化，应该避免和强酸、强碱及其他化学腐蚀性物品的接触，防止这些化学物质沿着裂纹腐蚀水晶。

◆避免高温

因为高温会使水晶褪色，所以不要把水晶放入高温环境中，紫晶饰品更要注意避免高温加热和放射性辐射。水晶饰品也不能在阳光下暴晒或者受到强光直射，防止失去颜色和光泽，特别是水胆水晶还会失去水分，造成极大的价值损失。

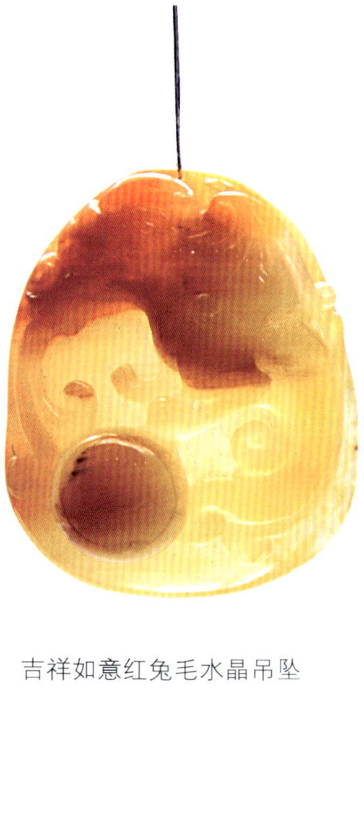

吉祥如意红兔毛水晶吊坠

水晶的寓意

（1）白色水晶：代表纯洁、无私。能提升人的灵气，驱除杂念，增强记忆。摆放在电脑、电视机、微波炉等电器上或周围，还可以减少其辐射量，保护人体不会受到电磁波的太多干扰。

（2）紫色水晶：代表浪漫、高贵、姻缘。能开发智力、帮助思考、提高睡眠质量，带来贵气，加强包容心、容忍性。

（3）黄色水晶：代表财富、鸿运。可增强个人自信，减轻恐惧，带来财富与红运。

（4）紫黄晶：象征着智慧与财富，即具备紫水晶及黄水晶的双重功效，最利于事业合伙人、家长与孩子、长官与部属、情侣、夫妻间的沟通。

紫色水晶球

水晶算盘吊坠

紫黄晶吊坠

（5）粉晶（又称芙蓉石）：粉红色，是姻缘色，主爱情，也称爱情石。粉晶多数为不透明或半透明的晶体，全透明的较稀少。粉晶极具爱的神力，它能改善您的爱情运气，促进婚姻美满，助您广结人缘。

（6）茶色水晶（烟晶、墨晶）：代表稳健、安泰。佩戴茶晶可使人变得稳健、踏实。

（7）绿幽灵水晶：代表财路正、事业兴。最适合寻找事业机会的人士佩戴。

红发晶手串

茶晶手串

（8）发晶：可加强气势，带给人积极旺盛的精力、冲劲、胆识，加强自信心及果断力，能带给人勇气。

（9）钛晶：象征吉祥、富贵，如神佛加持。

（10）金发晶：乃开运水晶，可促进健康，消灾解厄，加强财运，挡抗煞气，给人积极旺盛的企图心、冲劲、胆识。

（11）红发晶：象征热烈、活泼、青春及活力，可补充感情能量，让气色更好，皮肤更细致、柔嫩。

金发晶手串

钛晶福寿如意吊坠

（12）黄发晶：象征红火、兴旺。可以有效协助理性和感性两种感觉的调和，并且帮助做出正确的决定。

（13）黑发晶：偏财、解厄。可以排除身上的不良浊气，适合出入复杂场所、医院甚至常常需要夜出的人佩戴，可以有效地防止不好环境的干扰，有祈福消业障的功效。

（14）绿发晶（加力发晶）：象征幸福、好运。令工作、事业顺利，促进身体健康，增强人的运势。

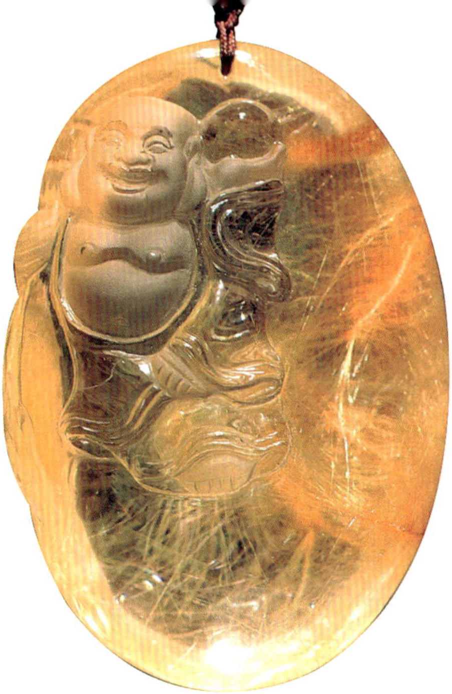

黄发晶吊坠

绿发晶手串

（15）天然紫晶洞：可让人心灵、身体得到平衡调节，更能聚集灵性，招财纳福。

（16）紫龙晶（智慧水晶）：主智慧，可给人带来灵感、创意，教人开放心胸，加强对美的鉴赏力。

黄水晶和田玉吊坠、耳环

水晶饰品佩戴的注意事项

◆ 洗澡、游泳时能不能戴水晶饰品

洗澡和游泳时能戴，但最好不要戴。为什么这样说呢，能戴是说它对水晶不会产生什么影响，洗浴液也不会伤害到水晶，因为水晶既不会与酸或碱发生反应，也不会与一般的其他化学物品发生反应，它仅在高温的条件下与氟有反应。但为什么说最好不要戴呢？因为运动的过程中会产生碰撞拉扯，水晶是易碎的，如果不小心线拉断了就麻烦了。

貔貅黄水晶吊坠

貔貅钛晶吊坠

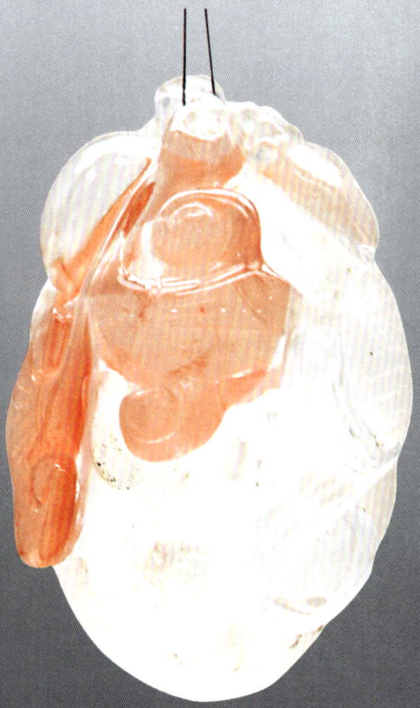

红运有余如意把件

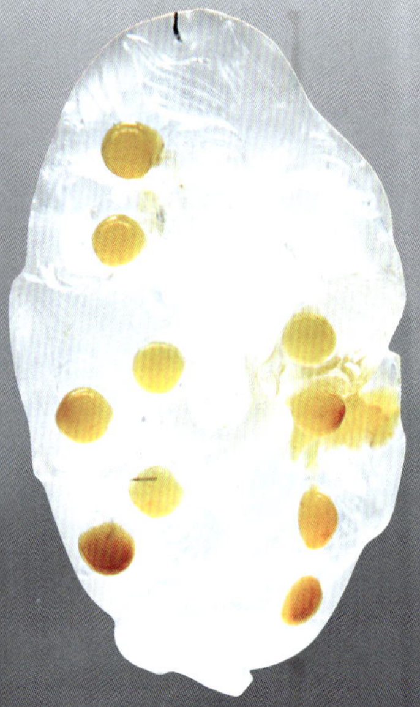

五福有余黄兔毛水晶把件

◆ 水晶饰品可不可以用晒太阳的方法来净化

水晶最好不要特意拿去晒太阳，尽管晒太阳也是一种净化方法。为什么呢？因为水晶在强光（尤其紫外线强时）底下会变淡。当然白水晶不怕变色，但白水晶聚光功能特别强，如果不小心，容易诱发火灾。

红水晶转运珠手链

◆ 水晶饰品可不可以与金银、玉石配着戴

可以配着戴，它们之间不冲突，即使从审美层面来看也是如此。但要注意一些小问题。金银链和水晶链不要戴同一只手，否则对金银会有影响，因为水晶的能量大，很容易导致金银变色。水晶和玉石戴同一只手就没关系。有人喜欢在金银链下吊一个水晶坠，如果是合成的，比如锆石，这不需要讲究什么；但如果是天然的水晶就要注意了，在吊坠与金银链之间一定要有一个扣把它们分开，如果直接穿在金银链中就不好了。

紫黄晶手串

绿幽灵手镯

常见水晶饰品的选购

我国珠宝首饰业在 20 世纪 90 年代后以迅猛的速度发展起来，珠宝首饰的款式也逐渐增多，有复古型、自然型、简约型等。另外，还有不少具有中国特色的装饰型。在现代社会，人们崇尚个性，首饰更加成为个性化的标志，无论是戒指还是耳环、吊坠、胸针等都款式繁多，异彩纷呈。

鲤鱼跳龙门无色水晶摆件

水晶吊坠

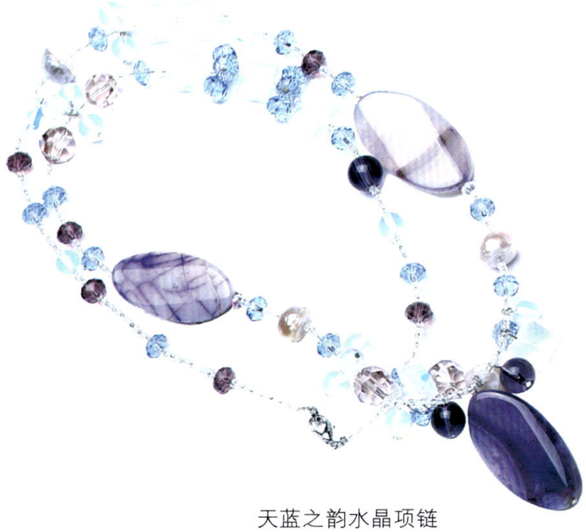

天蓝之韵水晶项链

◆水晶项链

项链是人体的装饰品之一，是最早出现的首饰。水晶项链品种繁多，有串珠项链、悬挂项链、垂饰项链，还有超长和超短的项链。

水晶珍珠项链

天使之翼水晶项链

紫色情迷水晶项链

项链与脸型的搭配

（1）长脸细脖子：长脸细脖子的女性佩戴一串水晶项链，会让人感觉脸变宽，脖子也不是那么细了。

（2）圆脸短粗脖子：如果一个女性是圆脸，短粗的脖子，就可以佩戴一条细长的水晶项链，或者加一个鸡心坠，会让人感觉脸部变长、变瘦了。

（3）椭圆形脸型：椭圆形脸型的女性，无论佩戴何种款式的项链，都会更有魅力。

项链与衣领的搭配

（1）V字领：V字领线条十分简洁明快。适合佩戴较现代和时尚的项链，吊坠垂挂于颈脖和领口中间的位置比较合适。注意不要让吊坠被衣物所遮盖或者紧紧贴在喉咙部位。

（2）高领：项链佩戴在高圆领上面有过于夸张之嫌。但是比较贴合脖子的瘦衣领，可以在领子的外围加上圆形的项链，让线条搭配协调统一。

（3）小翻领：穿小翻领衣服如果戴的项链过短，本来开口就很小的衣服会让人感到更拥挤，项链过长，又会被衣服遮住，所以让项链长度以垂至衣领开口的中间部位为宜。

（4）一字领：稍微宽松的衣领配以简洁的项链效果更好，应选择与领口线交叉的项链，这样会显得很漂亮，而如果项链过长的话，就会和衣领没有呼应，而失去应有的效果。

（5）复杂领：穿着有复杂结构领口的衣服时，要选择有点分量的项链，使之与露出的肌肤达到一定的平衡。如果选用的项链过细的话，质感不足，颈部会显得空荡荡的。

（6）小圆领：可以搭配稍微长一些的项链，让项链坠子垂在衣领的下面，这个时候，项链的颜色和衣服的颜色反差大一些，就可以突出重点了。

复古水晶项链

选购水晶项链时的注意事项

在选购水晶项链时，首先试戴一下，看珠链的长短是否合适，过长或过短都不好；然后是要鉴别真假；接着是要鉴别质量。鉴别质量要一看水晶珠粒的小刻面的个数，是 24 面、36 面还是 42 面，最好的水晶珠粒有 108 面，刻面越多工艺就越复杂，相对的价值就越高；二看项链的颜色、质地是不是一致，如果是无色透明珠链，不能有棉絮状内含物、杂质、裂隙等；三看水晶项链的做工怎么样，做工对水晶的价值影响很大，看珠粒是不是很匀称，珠粒本身是不是对称，珠粒的孔眼是不是平直，而且要看孔眼是不是在中央位置。孔眼是不是太大或太小，应该保持为 1 毫米最合适。孔的粗细是不是均匀，孔内有没有细小的裂纹，孔壁是不是很清澈、透明和光滑。珠粒不能有棱角。串珠的松紧要合适，把项链拎起来，项链应该成一条直线而不会打旋，并且要有下坠的感觉，放下之后又会自然盘曲，如果像麻花状，就是次品。看穿珠粒的线绳是否质地很好，是不是经久耐用。看项链的簧扣是不是很牢，开关要灵活，弹性要好，没有故障，而且光滑不会损伤皮肤。

笑佛烟晶吊坠

水晶吊坠

◆水晶吊坠

吊坠一般不能单独成件，主要是和绳链配合使用。

水晶吊坠的雕刻受传统玉石文化的影响，主要纹饰大多是神仙、民间传说、动物、植物等，每个图案都有耐人寻味的寓意。人们把美好的祝愿雕刻在水晶吊坠上来祝福幸福、平安、健康、快乐。这些图案的寓意虽然有时代的烙印，但是人们可以得到心理的慰藉、观赏的乐趣和美的满足。

清洗水晶吊坠的方法

（1）定期清洗产品，以保持其外观光洁明亮。

（2）用清水或中性的清洁剂清洗产品表面，然后用柔软的毛巾抹干即可。

（3）清洗产品时，切勿使用含化学成分或腐蚀性的清洁剂，特别是具有磨砂效果的清洁剂和粗糙的布料清洗抹擦。

（4）注意清洁产品的隐蔽位置，适时地清洁能让产品焕然一新。

水晶吊坠

蓝调之恋水晶吊坠

招财黄晶吊坠

◆水晶戒指

水晶戒指款式多种多样，有单颗粒镶、群镶、包边镶、爪镶等。所镶的水晶戒面也是千姿百态，有刻面的，也有弧面的，款式层出不穷。

市面上的戒指款式有大方简约型、豪华型，还有艺术型、花型。大方简约型水晶戒指体现简约精致的整体造型，仔细观察每颗水晶的切割面都拥有如同钻石般的光彩，透出一股温婉动人的气质。而豪华型水晶戒指主要由单粒色彩艳丽的水晶配镶钻石，用 K 金或纯金做底托镶嵌，可以尽显高贵淑女风范。这些单粒镶嵌的戒指能充分突出水晶的特点。艺术型水晶戒指比较夸张，受到个性张扬人士的钟爱。花型水晶戒指用多粒水晶镶嵌出各种花形或是几何图形，而桃形、心形是最典型的淑女款。

水晶戒指

水晶戒指

选购水晶戒指的注意事项

（1）选购时，最好由本人当面试戴。戒圈的大小要以被套的手指关节粗细为标准，过紧佩戴会不舒服，过松则容易掉脱，所以最好选择刚刚能过手指关节，佩戴后稍有紧感的戒圈为宜。行内人士认为，“冬选松，夏选紧”。

（2）每个人的手指特点不同，购买水晶戒指时可以根据自身手指的长短、粗细、指甲形状等来选择不同的类型。如手指短而细的人适合纤细、流线型的椭圆形戒指，不宜选择大而多棱的戒指；手指长而粗的人可以选择圆形宽幅的款式，大的戒指能在视觉上掩盖较粗壮的手指；手指短而粗的人适合选择立体设计的款式，可以使手指显得修长。

（3）年轻女性手指较为纤细，适合选择精致小巧的水晶戒指；年长女性更适合造型稳重、高雅的水晶戒指；男性则应选择庄重含蓄、造型简练的水晶戒指。

镂空花纹水晶戒指

水晶戒指

镶嵌水晶耳钉

◆水晶耳饰

耳饰主要包括耳坠、耳环、耳钉 3 种。

（1）耳坠：耳饰的一种，指带有下垂饰物的耳饰。

（2）耳环：透过一个在耳垂内的穿洞来钩住耳朵（除了夹式耳环之外）。

（3）耳钉：耳钉是耳朵上的一种饰物，比耳环小，形如钉状。一般需穿过耳洞才能戴上，其款式千变万化，颜色更是多种多样让人眼花缭乱。

选购水晶耳饰的注意事项

（1）购买时，应注重水晶的颜色和做工，以颜色好、抛光优良、比例协调、线条流畅者为佳。

（2）水晶耳饰的形状大小各异，选购时应考虑佩戴者的体型、脸型和肤色等，以此选择耳环的长短、大小。圆形和长形脸型的女性，既可选戴贴耳式耳环，也可选戴垂耳式耳环；方形脸型的女性，以选贴耳式耳环为佳。

（3）佩戴水晶耳环，也要注意与自己颈部及耳形的协调。颈部较长的女士宜选购垂耳式耳环，佩戴荡环更显窈窕动人；耳垂大的人要选大的耳环；耳垂小的人宜选小耳环。

紫晶耳环

绿水晶耳钉

（4）水晶耳饰与发型相配，可以产生更好的修饰效果。如长发型可以选用长形的水晶耳坠，在飘逸的发丝中有水晶耳坠若隐若现，倍显婀娜；短发型则可以戴上简单雅致的水晶耳钉，显得洒脱干练。

心形水晶耳坠

水晶耳坠

◆水晶手镯

制作手镯的材料很多，除了水晶、金、银、玉等外，还有用植物藤制作的手镯。

手镯的作用大体有两个方面，一是显示身份，突出个性；二是美化手臂。手镯一般佩戴在左手上，镶宝石手镯应贴在手腕上；不镶宝石的，可松松戴在腕部。只有成对的手镯才能左右腕同时佩戴。

无色水晶手镯

选购水晶手镯的注意事项

常见的水晶手镯有白色水晶手镯、发晶手镯等，其他颜色手镯较少。手镯上面有裂纹是选购手镯最忌讳的，特别怕垂直的手镯裂纹，这样的手镯很容易因佩戴中和别的东西碰撞而断裂。发晶手镯里面发晶越多越顺，表示手镯越好，价值越高。以无色透明、没有瑕疵的为最佳。

化蝶水晶手串

还应注意手镯内径的大小，内径过大，容易滑落摔坏；内径过小，不容易取下来，而且还可能因为贴近皮肤引起不适，甚至影响血液循环。以内径和手腕之间有 5 毫米的空隙为最好。

另外，还应根据各人肤色、身高、年龄、胖瘦、气质、手臂和手型的特点选择不同款式和颜色的水晶手镯。如果皮肤白净润泽、身体修长，则适合选择尺寸适中的水晶手镯；体态苗条者应选购较细的手镯，体态丰满者应选购较宽厚的手镯；手臂粗短者适合戴窄一些的手镯，手臂细长者适合戴较宽大一些的手镯。

黑发晶手镯

水晶手镯

水晶手串

◆水晶手串

手串是比较中性化的饰品，男女都可佩戴。因为它颜色丰富多彩，佩戴摘取方便，所以是当前水晶市场上最畅销的饰品。

水晶手串种类繁多，有单色、多色、发晶、钛晶等。单色的水晶手串有黄晶手串、白水晶手串、紫晶手串、粉晶手串、烟晶手串等。多色的水晶手串有紫黄晶手串、红黄绿发晶。

手串是把珠粒状宝石打眼穿起来做成的，珠粒数通常为 18 粒，根据各人手腕粗细和水晶珠子的大小，粒数也各不相同。

选购水晶手串时的注意事项

（1）看选料：选料精良的水晶制品，应看不到星点状、云雾状和絮状分布的气液泡体。质地以纯净、光润、晶莹为好，如果发现有深浅不一的断裂纹、斑点，则属于次品。

（2）看做工：水晶制品加工过程分为两种，即磨工和雕工。一般来说，水晶手串属于研磨品，应当格外注意其磨工。简而言之，一件做工好的水晶手串应当考究精细，不仅能充分展现出水晶制品的外在美（造型、款式、对称性等），而且能最大限度地挖掘其内在美（晶莹、巧色）。

（3）看抛光：抛光的好坏直接影响到水晶手串的身价。水晶在加工过程中须经过金刚砂的琢磨，粗糙的制作会使水晶表面存在摩擦的痕迹。一件好的水晶制品自然透明度、光泽都比较好，按行话说，就是应当“火头足”。

（4）看孔眼：对于缀穿水晶制品（如手串、手链、佛珠等），一定要注意看其孔眼是否平直，孔的粗细是否匀称，有无细小裂纹；孔壁必须清澈透明，无“白痕”。

只有满足了上面的这些条件，才能说这种手串是比较完美的。

福禄一生水晶手串

绿发晶手链

紫水晶配黄水晶手串

东海水晶手串

刻面烟晶手串

（5）看颜色：即使在同一种类的水晶手串之中，它的不同部位的纹理、色泽也各有千秋。属于单色的，要色度均匀；在同一块水晶上有深浅的，则要求其色调、纹路美观大方。

（6）看协调：在购买水晶手串的时候，一定要试戴一下，看其大小、松紧、长短。如有镶嵌饰物，还要看其是否牢固、周正和协调统一。还应注意水晶手串的款式、色彩是否与自己的身材、肤色、脸型和服装协调。

◆其他水晶饰品

除了以上所说的水晶饰品外，还有一些装饰类与服饰类的饰品，如水晶扣、领带夹、胸花、腰带、水晶眼镜和水晶灯、水晶门帘等。不仅具有实用作用，还可以美化生活。

另外还有水晶摆件。市面上常见的水晶摆件有紫晶晶洞、黄晶晶洞、水晶晶簇、水晶球和聚宝盆、招财树等。不仅可以欣赏其美丽的形态，还可以装饰房屋。

水晶胸花

水晶眼镜

异彩纷呈——精品水晶雕件欣赏

吊坠

名称：滴水景观吊坠

材质：绿幽灵水晶

尺寸：5.6cm×0.8cm×4.5cm

参考价：8000~9000 元

名称：飞黄腾达吊坠

材质：润红兔毛水晶

尺寸：3.5cm×1.6cm×5cm

参考价：4000 元

名称：福如意吊坠

材质：古红兔毛水晶

尺寸：3.8cm×1.6cm×5.5cm

参考价：1 万元

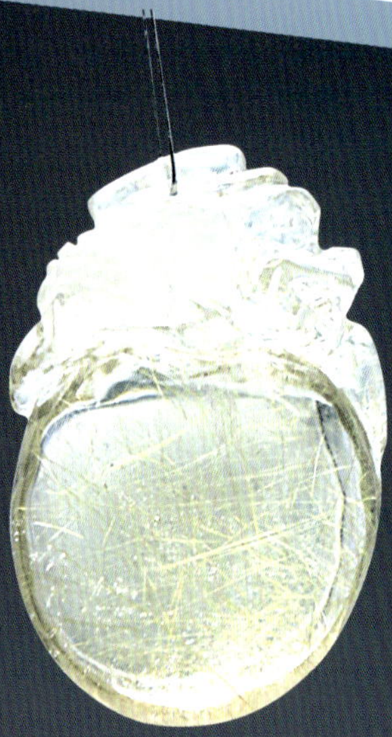

名称：福在眼前

材质：金丝发晶

尺寸：2.6cm×1.2cm×4.5cm

参考价：2000 元

名称：福在眼前

材质：牛毛发晶

尺寸：3cm×1.3cm×4.6cm

参考价：2000 元

名称：福在眼前（对牌）

材质：玻璃体铜钛水晶

尺寸：大 4.9cm×1.5cm×4.9cm

小 3cm×1.2cm×4cm

参考价：2 万元

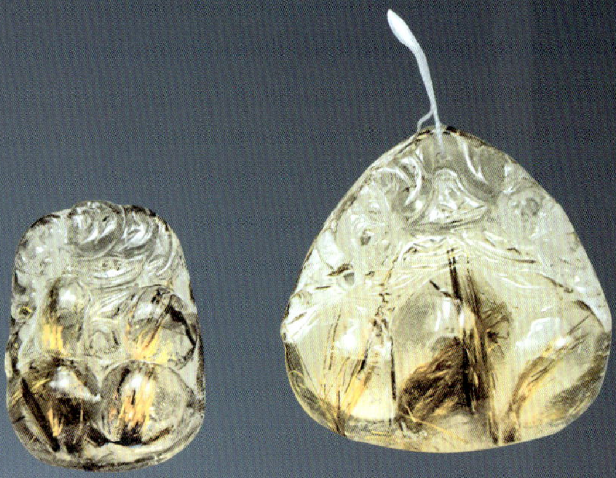

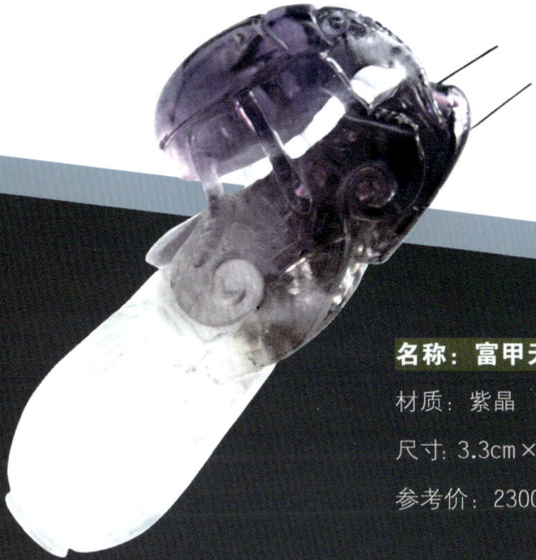

名称：富甲天下

材质：紫晶

尺寸：3.3cm×0.8cm×4.9cm

参考价：2300~2800 元

名称：花篮

材质：红兔毛水晶

尺寸：3.3cm×1.6cm×5.2cm

参考价：2000 元

名称：龟鹤呈祥

材质：红发晶

尺寸：3cm×0.8cm×6cm

参考价：4000 元

名称：吉运富贵

材质：艳红兔毛俏色水晶

尺寸：2.5cm×2cm×3.6cm

参考价：2000 元

名称：节节如意

材质：白水晶含红云母水晶

尺寸：2.6cm×1cm×5cm

参考价：3000 元

名称：金福如意

材质：板钛水晶

尺寸：3cm×1.7cm×5cm

参考价：5000 元

名称：金运连连

材质：亮体板钛水晶

尺寸：3.1cm×1.7cm×6cm

参考价：4200 元

名称：景观吊坠

材质：净体白水晶

尺寸：3.2cm×1.7cm×4.3cm

参考价：2000 元

名称：金运龙牌

材质：淡茶金发晶

尺寸：2cm×0.8cm×2.5cm

参考价：1800~2300 元

名称：连年红运

材质：红兔毛水晶

尺寸：3cm×1.8cm×3.8cm

参考价：2000 元

名称：景观幽灵吊坠

材质：茶体绿幽灵水晶

尺寸：3cm×1.5cm×5cm

参考价：1300~1800 元

名称：连年福裕

材质：绿碧玺发晶

尺寸：4.2cm×1.8cm×5.5cm

参考价：5000 元

名称：连年金福

材质：金发晶

尺寸：4.3cm×1.2cm×5.2cm

参考价：3000 元

名称：连年有余

材质：红黄焦花水晶

尺寸：3cm×1.3cm×4.5cm

参考价：1800~2300 元

名称：连年有余

材质：黄发俏红兔毛水晶

尺寸：3cm×2cm×3.5cm

参考价：2000 元

名称：连年有余

材质：润红兔毛水晶

尺寸：3cm×1.8cm×6.2cm

参考价：3000 元

名称：连年有余

材质：润红兔毛水晶

尺寸：1.8cm×1.6cm×6.2cm

参考价：3000 元

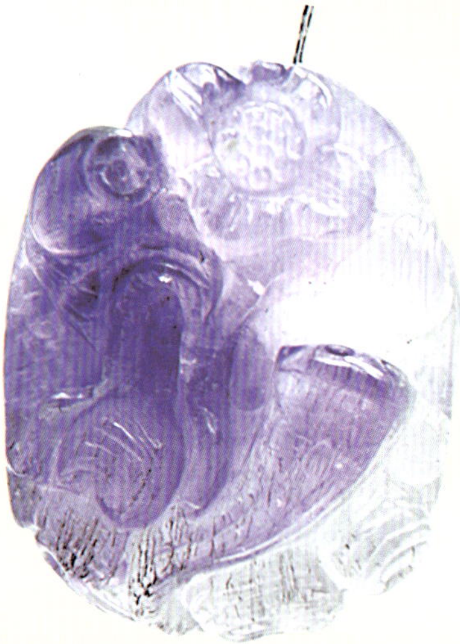

名称：连年有余

材质：紫玫瑰晶

尺寸：2.6cm×1.8cm×4cm

参考价：3000 元

名称：灵符如意

材质：星光绿幽灵水晶

尺寸：3.3cm×2cm×5.5cm

参考价：3000元

名称：龙腾盛世

材质：吉红兔毛水晶

尺寸：2.8cm×1.9cm×5cm

参考价：3000元

名称：龙龟洪福

材质：吉红兔毛水晶

尺寸：3.5cm×1.8cm×4cm

参考价：2000元

名称：龙腾盛世

材质：金顺发晶

尺寸：3.6cm×1.6cm×5.5cm

参考价：2000 元

名称：满堂吉吊坠

材质：吉红兔毛水晶

尺寸：3.7cm×1.8cm×5.4cm

参考价：2000 元

名称：梅花吊坠

材质：红兔毛水晶

尺寸：3.5cm×1.5cm×4.5cm

参考价：2000 元

名称：平安有福

材质：金发晶

尺寸：3cm×2cm×4cm

参考价：2000元

名称：貔貅吊坠

材质：金发晶

尺寸：3.3cm×1.5cm×3.5cm

参考价：1.4万元

名称：貔貅吊坠

材质：绿发晶

尺寸：2.3cm×1.7cm×4.2cm

参考价：3000元

名称：俏色金鱼

材质：红兔毛俏白兔毛水晶

尺寸：3.2cm×1.5cm×4.2cm

参考价：2000 元

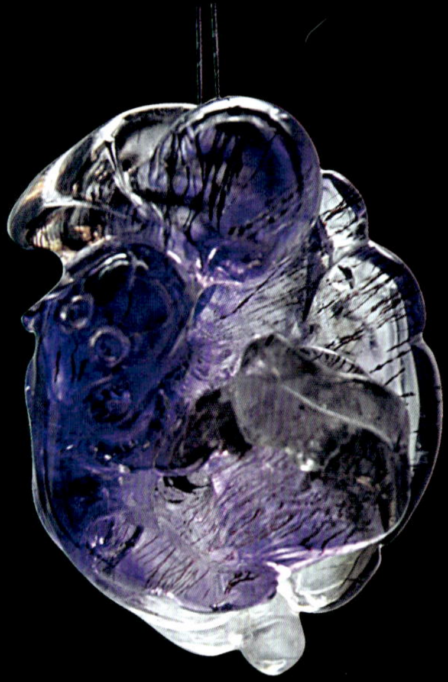

名称：鼠来宝

材质：紫玫瑰水晶

尺寸：3cm×2cm×4

参考价：3000 元

名称：顺心有福

材质：金顺发水晶

尺寸：3.8cm×1.6cm×4.2cm

参考价：3000 元

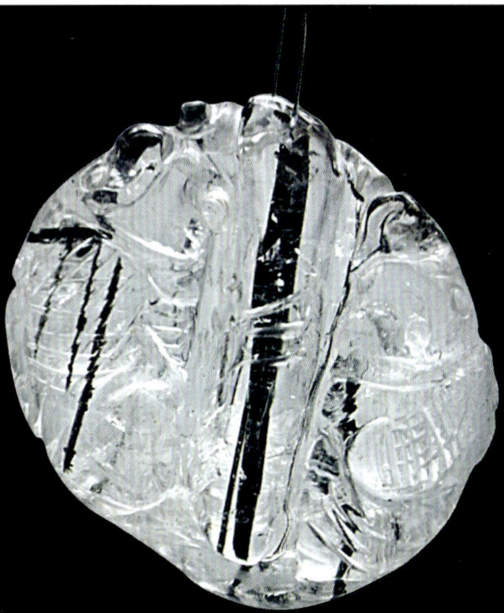

名称：顺运莲鱼

材质：绿碧玺发晶

尺寸：3cm×1.2cm×5cm

参考价：2000 元

名称：四季福寿

材质：铜顺发晶

尺寸：2.5cm×1cm×4cm

参考价：2000 元

名称：喜梅

材质：吉润红兔毛水晶

尺寸：2.6cm×1.6cm×5cm

参考价：3000 元

名称：喜上眉梢

材质：淡红兔毛水晶

尺寸：3.5cm×1.8cm×5.3cm

参考价：2500 元

名称：腰缠顺运

材质：顺钛发晶

尺寸：2.5cm×0.8cm×4.6cm

参考价：3000 元

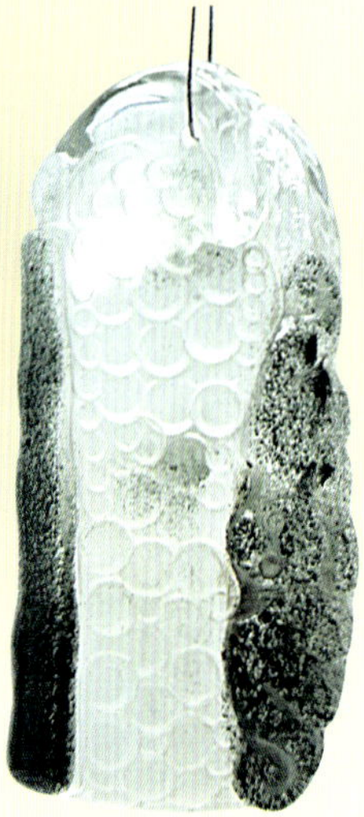

名称：祝福

材质：绿幽灵水晶

尺寸：2.3cm×1.8cm×5.5c

参考价：1500 元

名称：摇钱树

材质：金云母水晶

尺寸：3cm×1.8cm×4.2cm

参考价：2000 元

手把件

名称：福禄丰收把件

材质：银发晶

尺寸：5cm×3.3cm×7.2cm

参考价：9000 元

名称：福禄平安把件

材质：绿幽灵水晶

尺寸：3.8cm×3cm×9.8cm

参考价：8000 元

名称：福禄寿把件

材质：黄发晶

尺寸：4.3cm×2.8cm×10.6cm

参考价：1 万元

名称：福寿如意把件

材质：金顺发晶

尺寸：4.5cm×2.8cm×7.6cm

参考价：1.9 万元

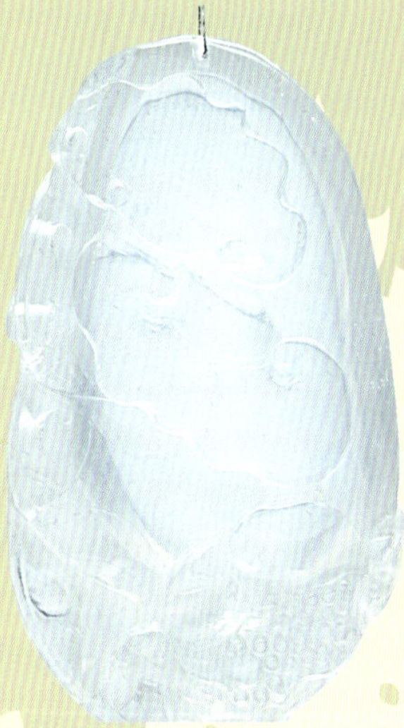

名称：福在眼前如意把件

材质：星光云母水晶

尺寸：6.2cm×2.3cm×10.8cm

参考价：1.1 万元

名称：富甲天下把件

材质：红兔毛水晶

尺寸：5.5cm×3.6cm×9cm

参考价：8000 元

名称：金福丰收把件

材质：金发晶

尺寸：4.3cm×3.2cm×7.2cm

参考价：1.5 万元

名称：官上加官把件

材质：景观绿幽灵水晶

尺寸：4.3cm×2.6cm×6.2cm

参考价：1.1 万元

名称：金运如意把件

材质：猫眼钛水晶

尺寸：5.2cm×2.3cm×8.6cm

参考价：2.6 万元

名称：连年有余把件

材质：景观绿幽灵水晶

尺寸：6cm×4.5cm×12.8cm

参考价：2 万元

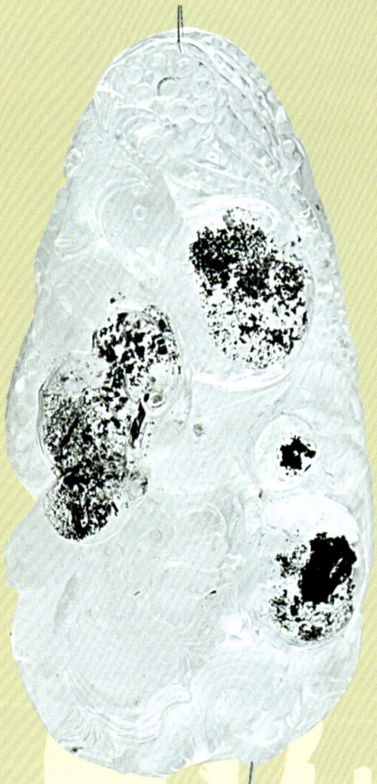

名称：连年有余把件

材质：绿幽灵水晶

尺寸：7cm×3.2cm×13.8cm

参考价：1.2 万元

名称：连年有余把件

材质：紫顺发晶

尺寸：5.7cm×3.2cm×8.2cm

参考价：2 万元

名称：灵貅纳福把件

材质：绿幽灵水晶

尺寸：4.6cm×3.2cm×10.2cm

参考价：1.1 万元

名称：灵翠把件

材质：极净体翠绿幽灵水晶

尺寸：6.5cm×3.9cm×8cm

参考价：6 万元

名称：灵貅吞宝景观把件

材质：绿幽灵水晶

尺寸：5cm×2.6cm×7cm

参考价：1 万元

名称：羚羊踏宝把件

材质：绿幽灵水晶

尺寸：4.1cm×2.6cm×7.6cm

参考价：9000 元

名称：人生如意把件

材质：红兔毛水晶

尺寸：5.8cm×2.8cm×9.8cm

参考价：1 万元

名称：龙行鸿运把件

材质：红兔毛水晶

尺寸：4.2cm×3.5cm×9.3cm

参考价：7000 元

名称：鼠来宝把件

材质：红兔毛水晶

尺寸：5.3cm×3.6cm×11.8cm

参考价：1.2 万元

名称：貔貅把件

材质：铜顺发晶

尺寸：4.8cm×2.2cm×3.6cm

参考价：1.2 万元

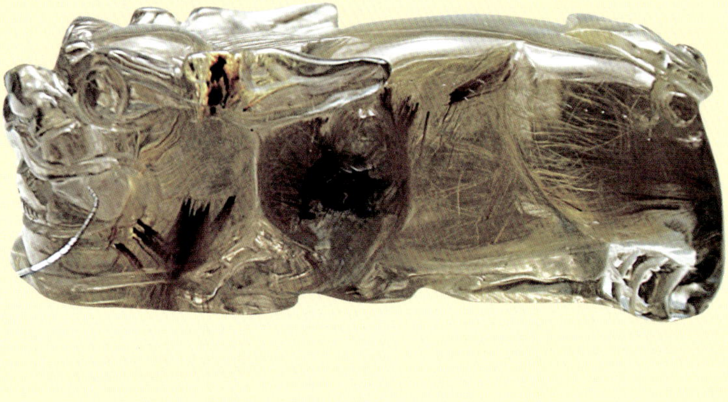

名称：貔貅把件

材质：茶体钛晶

尺寸：5.8cm×2.5cm×4.2cm

参考价：2 万元

名称：如意鱼龙把件（一对）

材质：黄兔毛俏色水晶

尺寸：大 7.2cm×3.8cm×10cm

小 5cm×3.6cm×7.8cm

参考价：2 万元

名称：如意把件

材质：针钛绿幽灵景观水晶（稀有品）

尺寸：9.5cm×4.5cm×10.5cm

参考价：7 万元

名称：鼠来宝把件

材质：白水晶含绿碧玺星光绿幽灵水晶

尺寸：6cm×4.5cm×12cm

参考价：4 万元

名称：双喜临门把件

材质：红兔毛水晶

尺寸：11.8cm×4.6cm×5.6cm

参考价：2 万元

名称：双貅戏宝丰收把件

材质：红兔毛水晶

尺寸：4cm×2.6cm×9.8cm

参考价：1.1 万元

名称：双莲鱼把件

材质：三色兔毛水晶

尺寸：5.6cm×3.6cm×9.6cm

参考价：1 万元

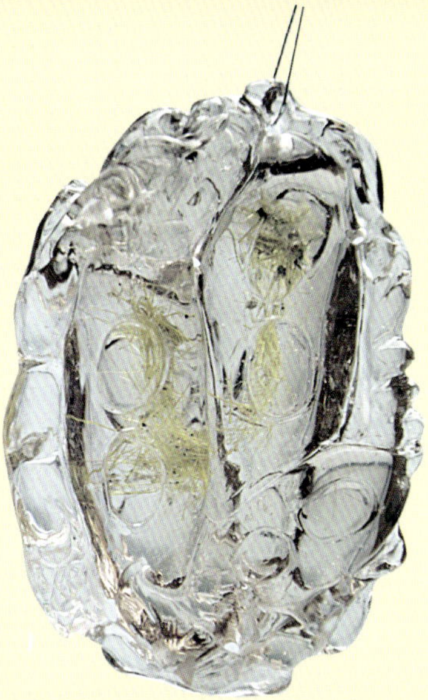

名称：四季福寿小把件

材质：玻璃体茶晶

尺寸：4.6cm×1.8cm×6.6cm

参考价：1 万元

名称：松鹤延年把件

材质：白水晶含段状绿碧玺

尺寸：5cm×3cm×10cm

参考价：5 万元

名称：五福莲鱼把件

材质：红兔毛水晶

尺寸：5.2cm×3.8cm×12.2cm

参考价：2 万元

名称：甜甜蜜蜜把件

材质：润黄兔毛水晶

尺寸：3.9cm×2.8cm×10.6cm

参考价：8000 元

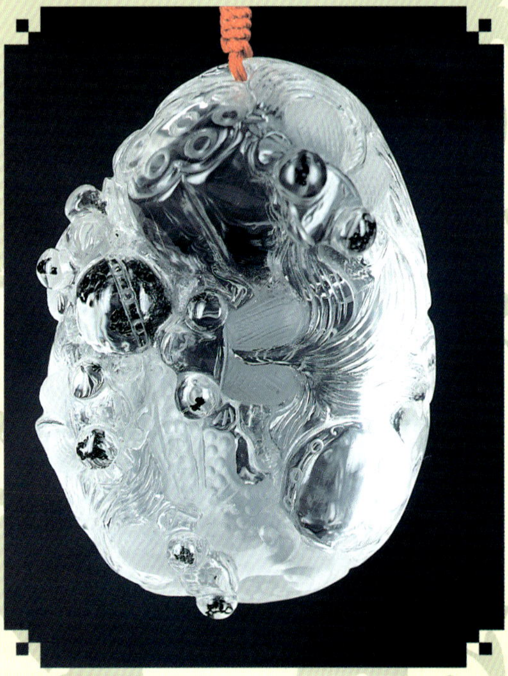

名称：五鱼戏灵宝把件

材质：缠丝绿幽灵水晶

尺寸：7cm×5cm×9cm

参考价：3 万元

名称：艳紫葡萄把件

材质：紫水晶

尺寸：4.3cm×3.2cm×6.3cm

参考价：1.5 万元

名称：一生有财把件

材质：吉黄兔毛水晶

尺寸：4.8cm×3.2cm×10.5cm

参考价：7000 元

名称：喜鹊登梅把件

材质：蓝兔毛俏黄兔毛水晶

尺寸：7.5cm×1.6cm×9.6cm

参考价：9000 元

名称：有凤来仪把件

材质：金丝发晶

尺寸：13.5cm×7.5cm×5cm

参考价：6.8 万元

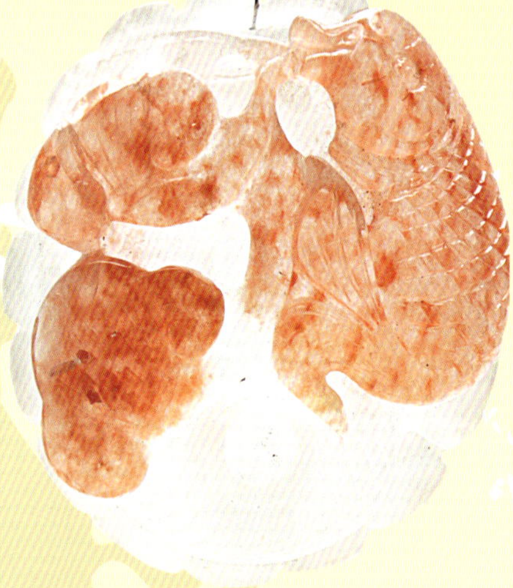

名称：鱼如意把件

材质：润红兔毛水晶

尺寸：5.5cm×3.6cm×6.6cm

参考价：9000 元

名称：坐地封侯把件

材质：板钛水晶

尺寸：4.8cm×1.5cm×5.8cm

参考价：1.2 万元

名称：紫龙盘寿把件

材质：紫水晶

尺寸：4.2cm×3.6cm×9cm

参考价：1.6 万元

摆件

名称：翠喜庆丰收摆件

材质：缠丝绿幽灵水晶

尺寸：19.5cm×16cm×36cm

参考价：20 万元

名称：百财摆件

材质：紫水晶

尺寸：14.5cm×8.9cm×29.8cm

参考价：6 万元

名称：茶钛貔貅摆件

材质：钛金发晶

尺寸：10cm×6.8cm×7.6cm

参考价：4 万 ~5 万元

名称：顶光明佛小摆件

材质：晶茶绿幽灵顶俏星光水晶

尺寸：6.5cm×4cm×12cm

参考价：3 万 ~3.5 万元

名称：福禄兴隆摆件

材质：白水晶

尺寸：17cm×7cm×24cm

参考价：4 万元

名称：丰收摆件

材质：晶体淡茶晶

尺寸：13cm×9cm×22cm

参考价：6 万 ~6.5 万元

名称：花好月圆摆件

材质：绿幽灵水晶

尺寸：9.6cm×5.6cm×12cm

参考价：1.5 万 ~2 万元

名称：连年有余摆件

材质：淡茶水晶

尺寸：10.6cm×6.8cm×18.6cm

参考价：4 万元

名称：富甲天下摆件（一对）

材质：绿发猫眼水晶

重量：555 克

参考价：35 万元

名称：花开富贵摆件

材质：全水胆绿幽灵水晶

尺寸：13cm×12cm×20cm

参考价：7 万元

名称：欢乐摆件

材质：绿幽灵水晶

尺寸：48cm×13cm×22cm

参考价：16 万元

名称：吉运连连

材质：星光幽灵水晶

尺寸：15cm×10cm×37cm

参考价：40 万元

名称：连年有余

材质：画面彩幽灵水晶

尺寸：10cm×9cm×22cm

参考价：10 万元

名称：金运貔貅

材质：晶体顺钛水晶

尺寸：15cm×10cm×7cm

参考价：17 万元

名称：连升三级摆件

材质：云母景观绿幽灵水晶

尺寸：15cm×6cm×21cm

参考价：14 万 ~15 万元

名称：连升三级摆件

材质：千层绿幽灵水晶

尺寸：9cm×8cm×23cm

参考价：5 万元

名称：灵蟾摆件

材质：白水晶

尺寸：20.6cm×9.5cm×10cm

参考价：3.5 万 -4 万元

名称：灵猴献寿摆件

材质：黄水晶

尺寸：12cm×9cm×18cm

参考价：6 万元

名称：连年有余摆件

材质：绿幽灵水晶

尺寸：18cm×5cm×19cm

参考价：2.2 万元

名称：灵鱼戏水摆件

材质：绿幽灵水晶

尺寸：8cm×6.3cm×12cm

参考价：4 万 ~4.2 万元

名称：美好夜色摆件

材质：灰绿幽灵水晶

尺寸：25cm×9cm×30cm

参考价：13 万元

名称：龙凤呈祥摆件

材质：茶体金发晶

尺寸：22cm×11cm×9cm

参考价：30 万元

名称：貔貅摆件

材质：茶体金发晶

尺寸：12.6cm×5.6cm×7.8cm

参考价：9万~10万元

名称：貔貅摆件

材质：净茶体顺钛水晶

尺寸：14cm×9.5cm×5.5cm

参考价：11万元

名称：俏色鼠来宝

材质：团丝绿幽灵水晶

尺寸：10cm×11cm×19cm

参考价：6 万元

名称：如意

材质：冰种水晶

尺寸：11cm×5cm×21cm

参考价：3 万元

名称：俏色锦上添花

材质：紫玫瑰水晶

尺寸：19cm×5cm×24cm

参考价：3 万元

名称：如意观音

材质：吉祥黄焦花水晶

尺寸：10cm×9cm×22cm

参考价：9万元

名称：守望

材质：景观绿幽灵水晶

尺寸：10cm×8cm×18cm

参考价：6万元

名称：鼠来宝

材质：黄发晶

尺寸：14cm×6cm×19cm

参考价：4 万元

名称：笑佛

材质：水波纹红焦花水晶

尺寸：18cm×12cm×18cm

参考价：9 万元

名称：合欢摆件

材质：绿幽灵水晶

尺寸：11.8cm×9.8cm×18cm

参考价：5 万元

名称：四季有福摆件

材质：金发晶

尺寸：13cm×9cm×17cm

参考价：3.5 万 ~4 万元

名称：甜蜜对白

材质：红兔毛水晶

尺寸：8.5cm×6.5cm×16cm（单个）

参考价：9万元

名称：貔貅

材质：钛发晶

尺寸：20cm×9cm×10cm

参考价：30万元

名称：喜梅傲雪

材质：红兔毛俏色水晶

尺寸：12cm×10cm×21cm

参考价：8 万元

名称：喜庆丰收

材质：景观发晶

尺寸：23cm×18cm×36cm

参考价：19 万元

名称：喜庆丰收

材质：多色幽灵水晶

尺寸：35cm×7cm×42cm

参考价：26 万元

名称：喜鹊登梅

材质：蓝兔毛俏古黄兔毛水晶

尺寸：20cm×13cm×19cm

参考价：37 万元

名称：喜上眉梢

材质：白俏紫水晶

尺寸：16cm×12cm×23cm

参考价：5.5 万元

名称：自在观音像

材质：茶体钛晶

尺寸：16cm×7cm×26cm

参考价：10 万元

手串与手镯

名称：八字钛手排

材质：钛晶

重量：73.9g

尺寸：宽 2cm， 厚 0.8cm

参考价：5500 元

名称：发晶手串

材质：绿碧玺发晶

重量：56.28g

尺寸：直径 1.4cm

参考价：2600 元

名称：发晶手串

材质：铜金发晶

重量：40.9g

尺寸：直径 1.2cm

参考价：1800 元

名称：发晶手串

材质：黑发晶

重量：61.4g

尺寸：直径 1.6cm

参考价：1600 元

名称：黄兔毛聚宝盆手串

材质：黄兔毛水晶

重量：54.4g

尺寸：直径 1.6cm

参考价：2800 元

名称：黄兔毛聚宝盆手串

材质：黄兔毛水晶

重量：52.3g

尺寸：直径 1.6cm

参考价：2600 元

名称：吉运聚宝盆手串

材质：绿幽灵水晶

重量：70.26g

尺寸：直径 1.8cm

参考价：4800 元

名称：晶体蓝发晶手串

材质：蓝发晶

重量：54.38g

尺寸：直径 1.6cm

参考价：4 万元

名称：晶体亮钛手串

材质：钛晶

重量：154.65g

尺寸：直径 2.0cm

参考价：6.5 万元

名称：猫眼手串

材质：铜顺发晶

重量：不详

尺寸：直径 1.8cm

参考价：7 万元

名称：钛晶猫眼手串

材质：钛晶

重量：54.75g

尺寸：直径 1.6cm

参考价：5 万元

名称：黄水晶手串

材质：黄水晶

重量：64g

尺寸：直径 1.4cm

参考价：4800 元

名称：铜发条手串

材质：铜发晶

重量：62.3g

尺寸：直径 1.6cm

参考价：1500 元

名称：铜顺发晶手串

材质：铜顺发晶

重量：65.43g

尺寸：直径 1.8cm

参考价：6000 元

名称：幽灵聚宝盆手串

材质：墨绿幽灵水晶

重量：125.7g

尺寸：直径 2.0cm

参考价：3.1 万元

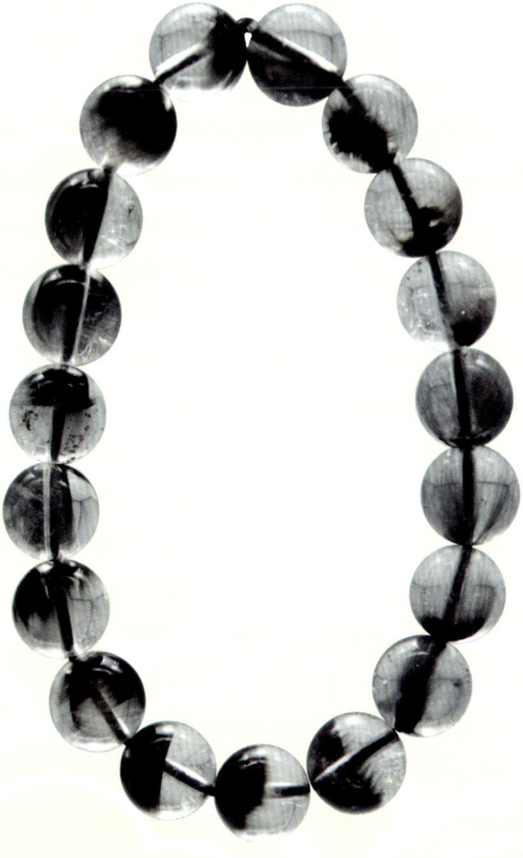

名称：银钛晶手串

材质：银钛水晶

重量：27.52g

尺寸：直径 1.0cm

参考价：2.5 万元

名称：幽灵聚宝盆手串

材质：景观幽灵水晶

重量：118.48g

尺寸：直径 2.0cm

参考价：3 万元

名称：幽灵手串

材质：蓝绿发晶

重量：19.48g

尺寸：直径 0.8cm

参考价：3300 元

名称：幽灵手串

材质：斑花幽灵水晶

重量：36g

尺寸：直径 1.0cm

参考价：1800 元

名称：紫黄晶随形手串

材质：紫黄水晶

重量：39.63g

参考价：2000 元

名称：紫晶手串

材质：紫水晶

重量：68g

尺寸：直径 1.8cm

参考价：2000 元

名称：绿幽灵手镯

材质：绿幽灵水晶

尺寸：圈口 5.6cm

参考价：7000 元

名称：铜发晶手镯

材质：铜发晶

尺寸：圈口 5.4cm

参考价：5000 元

名称：紫晶手镯

材质：紫水晶

尺寸：圈口 6.2cm

参考价：1600 元

名称：紫晶手镯

材质：紫水晶

尺寸：圈口 6.4cm

参考价：1600 元

名称：紫晶手镯

材质：紫水晶

尺寸：圈口 5.6cm

参考价：1600 元

水晶洞与水晶球

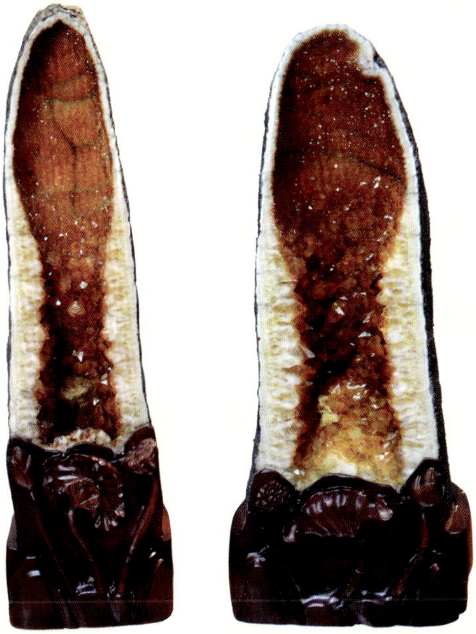

名称：巴西黄水晶洞（一对）

参考价：9 万 ~10 万元

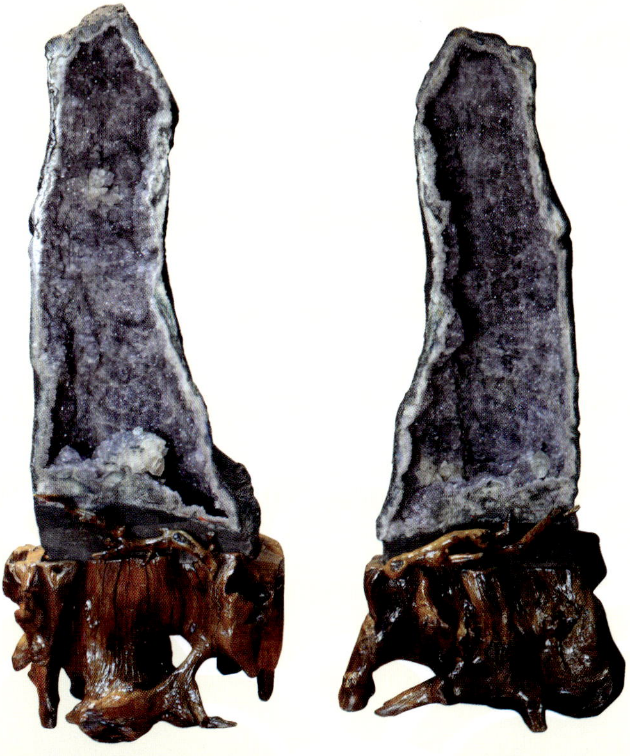

名称：巴西紫水晶洞（一对）

参考价：9 万 ~10 万元

名称：大花抱财紫水晶洞

参考价：10 万 ~12 万元

名称：粉紫水晶形体洞（一对）

私人收藏

名称：黄水晶洞

参考价：1.5 万 ~1.8 万元

名称：艳亮紫水晶洞

参考价：1.8 万 ~2 万元

名称：黄水晶洞

参考价：2.2 万 ~2.5 万元

名称：黄水晶洞（一对）

参考价：9 万 ~10 万元

名称：艳紫水晶洞

参考价：2 万 ~2.2 万元

名称：鸟形紫水晶洞

参考价：3000~4000 元

名称：紫晶聚宝盆

参考价：3.8 万元

名称：紫晶聚宝盆

参考价：4 万 ~4.5 万元

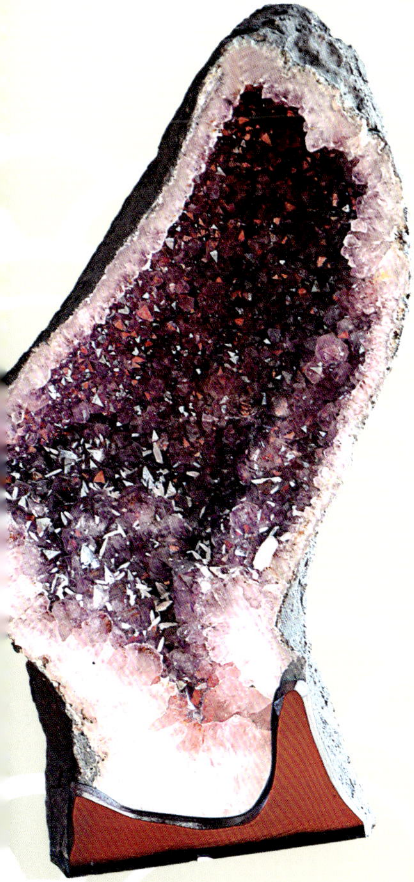

名称：异形紫晶洞（一对）

参考价：8 万 ~10 万元

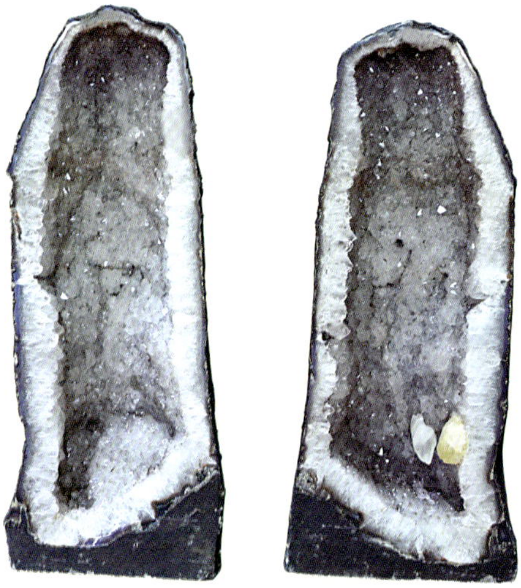

名称：紫化白水晶洞（一对）

参考价：8 万元

名称：紫晶聚宝盆

参考价：8000~10000 元

名称：紫水晶洞

参考价：2 万 ~2.5 万元

名称：紫晶双峰洞

参考价：1.8 万 ~2 万元

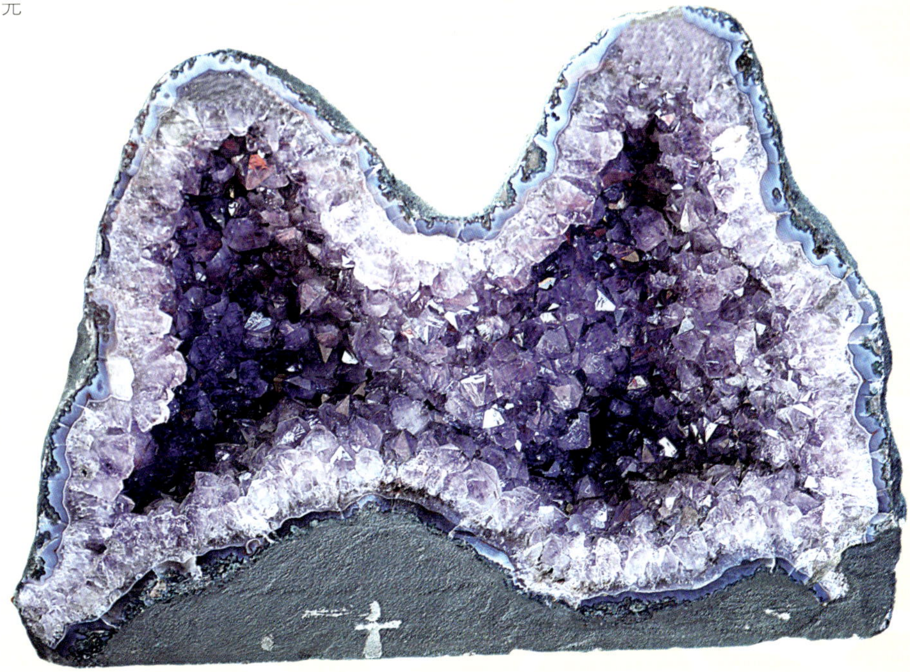

名称：紫水晶洞

参考价：6 万 ~6.5 万元

名称：云母水晶球

尺寸：直径 15cm

参考价：6 万 ~8 万元

名称：紫水晶球

参考价：6 万 ~6.5 万元

名称：白水晶球

尺寸：直径 15cm

参考价：6 万 ~8 万元

名称：白水晶球

尺寸：直径 19cm

参考价：3 万 ~4 万元

名称：绿碧玺发晶球

尺寸：直径 11cm

参考价：2 万 ~3 万元

名称：绿幽灵水晶球

尺寸：直径 18cm

参考价：3.8 万 ~4 万元

晶簇与晶柱

名称：晶簇

材质：茶水晶

尺寸：10cm×9cm×22cm

参考价：8000 元

名称：晶簇

材质：白水晶

尺寸：19cm×16cm×36cm

参考价：1.2 万元

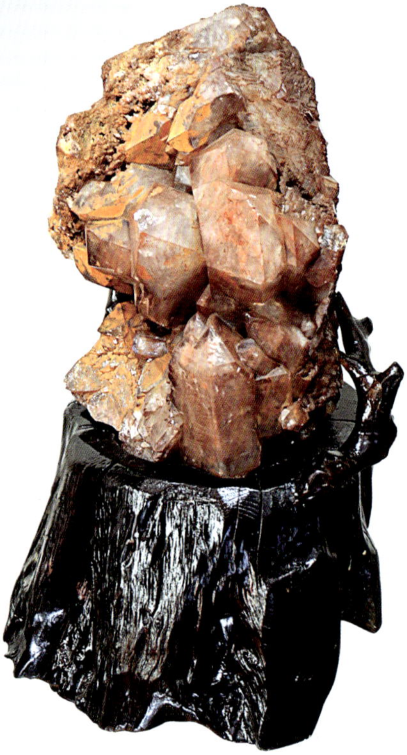

名称：晶簇

材质：红兔毛骨干水晶

尺寸：不详

参考价：4000~6000 元

名称：群英荟萃

材质：白水晶

尺寸：45cm×24cm×26cm

参考价：3 万元

名称：水晶晶柱

材质：白水晶

尺寸：42cm×15cm×33cm（最高）

参考价：3.5 万元

名称：星光粉紫晶柱

材质：紫水晶

尺寸：19cm×7cm×21cm（最高）

参考价：3000 元

名称：紫晶柱

材质：紫晶

尺寸：13cm × 12cm × 16cm

参考价：3000 元

名称：紫云升腾

材质：紫晶

尺寸：16cm × 16cm × 35cm

参考价：1.2 万元

后记

世界上最纯净的东西莫过于水晶，它晶莹闪耀，深受人们青睐，并演绎出许多美丽、动人的神话传说，人们把美好和神奇的寓意赋予它。

在物质生活日益丰富的今天，人们更加追求精神生活的满足，因此越来越多的普通民众也加入了水晶收藏的行列。

为了保证本书的科学与严谨，我们拜访了河北省保定市恒祥北大街的宝兴楼，有幸见到了宝兴楼的负责人秦志勇先生，当他知道我们的来意后，非常热情地接待了我们，并爽快地答应我们拍摄本书所需图片。在本书付梓之际，衷心地感谢秦志勇先生的支持与帮助，同时也希望本书能够得到广大水晶收藏爱好者的喜欢。

水晶 收藏品鉴

总 策 划：袁　海　王丙杰
贾振明　张建平

项目负责：张建平

排版制作：腾飞文化

编 委 会：林婧琪　邹岚阳　默　梵
阎伯川　吕陌涵　夏弦月
向文天　玉艺婷　鲁小娴

图片提供：秦志勇
河北保定恒祥北大街宝兴楼